José Davin

L'incroyance en nous et parmi nous

José Davin

L'incroyance en nous et parmi nous

Un peu... beaucoup ?

Éditions Croix du Salut

Imprint

Cover image: www.ingimage.com

Publisher:
Éditions Croix du Salut
is a trademark of
Dodo Books Indian Ocean Ltd., member of the OmniScriptum S.R.L Publishing group
str. A.Russo 15, of. 61, Chisinau-2068, Republic of Moldova Europe
Printed at: see last page
ISBN: 978-620-3-84261-6

Avant-propos

À la rencontre d'autres spiritualités

Cet ouvrage s'adresse surtout à deux grandes populations : des **baptisés**, dont plusieurs sont en questionnement sur la religion ou la foi, et d'autre part, des personnes proches d'une **incroyance** plus ou moins déterminée.

Vis-à-vis des **baptisés**, y compris les plus convaincus,, la relation à Dieu fera l'objet de réflexions essentielles et de plusieurs allusions tout au long du livre.

Par ailleurs, une place substantielle est destinée à ceux et à celles qui penchent un peu... ou totalement vers une non croyance.

Les rencontres

Cette cohabitation de la croyance et de l'incroyance, beaucoup la vivent en famille, au travail, dans divers contacts. Pour d'autres, une de ces deux spiritualités est moins familière. Ce livre pourrait diminuer l'ignorance et la méfiance spontanée envers "les autres".

Car, au-delà des différences, une profonde richesse de coeur et d'esprit commune fait partie de ces deux orientations "idéologiques".

Dans ces pages, nous visons une rencontre cordiale et respectueuse entre ces spiritualités, sans aucune intension polémique, espérant que chaque lecteur réfléchisse peut-être davantage à ses choix fondamentaux.

Sur la croyance et la non croyance, des chercheurs effectuent des examens intéressants qui aboutissent à des statistiques. Tel n'est pas du tout notre projet, mûri, non de calculs certes intéressants ou d'enquêtes sociologiques utiles, mais dune sérieuse fréquentations de personnes variées dans des milieux différents en francophonie.[1]

Une gageure : harmoniser deux contraires.

Unir dans une même analyse deux spiritualités aussi différentes que "foi et non foi" constitue un défi compliqué qui peut paraitre irréaliste !

Il le serait si le lecteur souhaitait retrouver *uniquement* son univers, croyant ou incroyant. Mais cette apparente opposition disparaît, si l'on consent d'une part à se reconnaître dans le titre de cet ouvrage qui évoque *en chacun et chacune* une certaine interrogation par rapport à Dieu ou à dieu, et si d'autre part on accepte de fréquenter des personnes spirituellement différentes. Celles-ci, finalement, ne le sont que partiellement, car elles demeurent souvent semblables sur plusieurs enjeux vitaux dont celui de vivre ensemble fraternellement.

---

[1] Principalement en Belgique, France, Suisse et Canada.

Discernement utile

Pour un **croyant,** chrétien, musulman ou juif, oser identifier en lui-même aussi une parcelle d'incroyance est loin d'être anodin. Aussi, cette découverte invite-t-elle à vivre avec nuances un engagement religieux, inévitablement inséré dans l'institutionnel et le doctrinal.

Pour les **incroyants**, faire la lucidité sur leur vécu spirituel réclame également une réelle réflexion.

Certains d'entre eux ont été introduits auparavant dans une religion, par exemple par le baptême catholique. Dès lors, revisiter le monde actuel des croyants pourrait leur apporter, à eux aussi, un complément d'information.

Très étendue est la palette profane et religieuse liée à cet ouvrage, Des milliers de pages sont consacrées chaque année à chacun des thèmes ici présentés. Ce projet-ci devait donc s'en tenir à l'essentiel d'une connaissance et d'une encontre entre spiritualités différentes.

Des témoins précieux

Dans la vie pastorale des prêtres, avec les années et les nombreuses personnes croisées en chemin, les découvertes transforment petit à petit le regard et les connaissances. Mais cet univers personnel reste toujours limité.

Aussi était-il primordial *pour cet ouvrage* de consulter des amis et des amies, dont les idées à la fois significatives et variées pouvaient enrichir la pensée.

Tous ont accepté que soit publié leur témoignage. Comme convenu avec eux, les prénoms ont été modifiés afin de préserver la confidentialité et la discrétion nécessaires.

Qu'ils soient encore vivement remerciés pour cette précieuse collaboration,

Précisions de quelques mots

* *Non croyant et incroyant.* Deux formulations qui contiennent des nuances que nous n'abordons pas, en utilisant l'une ou l'autre pour un même sens d'éloignement envers un dieu.

* *Croyant. S*elon le contexte, ce terme désigne tout qui vit une relation avec Dieu, spécialement comme chrétien, musulman ou juif.

* *Église.* Il s'agit de l'unique Église chrétienne avec ses différentes branches: catholique, protestante, orthodoxe, anglicane. Le lecteur constatera que la confession catholique est principalement concernée.

* *dieu et Dieu.* Chacune de ces appellations semblables est écrite, soit avec une **minuscule** quand elle vise un contexte plutôt non croyant, soit avec une **majuscule** quand il s'agit d'une situation croyante.

Meilleurs souhaits d'une lecture paisible et constructive.

José Davin sj
jose.davin.sj@gmail.com

Première partie

S'engager dans un monde bouleversé

Nous n'avons qu'une seule vie à offrir.
Comme c'est dommage ?
Non, comme c'est grand !

Karl Leisner

Quand le monde pose question,
songeons à tous les trésors
cachés sous les écumes.

Pierre Dehaye

Chapitre premier

"Sans foi, ni loi" ?

Début XIXème siècle, cette devise, popularisée par un film western américain, a suscité chez certains en Occident le projet d'une totale liberté sans morale !

Oui, jusqu'à un certain point, car cette orientation de vie sans balises a souvent été contestée. Elle a, entre autres, été totalement ébranlée par la crise du coronavirus qui pour le bien-être commun a imposé des règles strictes de confinement.

Une fois celui-ci maîtrisé et l'épreuve globalement surmontée, la vie sociale a repris ses droits et ses habitudes. Selon quels projets se déroule-t-elle ? Vraiment sans idéal ni contraintes ?

Voyons surtout quels paramètres guident actuellement la relation des couples, la prise en charge d'enfants, le milieu familial.

La rencontre amoureuse en évolution

La vie affective et sexuelle constitue une réalité première chez les humains. On la comprend comme une pulsion fondamentale qui noue des relations et développe une fécondité. Que devient-elle en Occident ?

Au cours des cinquante dernières années, la relation d'amour entre homme et femme, entre partenaires de même sexe a subi de profondes modifications. Ainsi, presque partout la mixité entre filles et garçons a été installée.

Pendant quelques années, le thème de la cohabitation juvénile retenait l'attention des adultes. Maintenant, les rencontres affectives et sexuelles deviennent de plus en plus précoces et banales. Passer une nuit, à seize ans, dans la famille de la copine ou du copain fait partie des situations que bon nombre de parents ont dû petit à petit admettre.

Dans la suite, vers dix-huit, vingt ans, grande est l'*impatience* pour vivre en couple. Mais fréquent est le manque de *patience* pour négocier suffisamment les différences inévitables de la vie commune ! Pourquoi ?

Est-ce un apprivoisement trop rapide et superficiel des premiers contacts avant une vie commune définitive ? Une suspicion souvent imaginaire envers l'autre ? L'absence de confiance en soi pour dépasser les problèmes ?

Impossible de généraliser, même si toute une génération se comporte bien différemment de ses prédécesseurs.

Devant cette situation qui s'accentue, certains observateurs dédramatisent les problèmes. Bon nombre de couples, constatent-ils avec raison, osent se séparer plutôt que de vivre un enfer ou l'esclavage d'une femme battue.

De plus, de nouvelles unions se révèlent finalement plus stables que la première ou… les précédentes.

Le sort des enfants

Dans un calme relatif, certains parents se quittent, heureusement sans éclats excessifs et font attention à leur progéniture, évitant ainsi de s'en servir pour régler leur contentieux. Ils en assurent harmonieusement l'éducation, et la peine légitime des enfants s'adoucit.

De même en est-il si d'éventuels belles-mères et beaux-pères sont aussi attentifs aux enfants "hérités" de leur nouvelle union qu'à ceux d'une précédente union ou à un nouveau-né.

Par ailleurs, si de graves disputes conjugales surviennent, des enfants peuvent vraiment souffrir. Ainsi en est-il à l'occasion des changements dus aux gardes alternées, quand doivent s'arrêter des moments heureux vécus avec papa ou maman avant de retourner auprès de l'autre géniteur.

S'ajoutent également pour ces jeunes des difficultés compréhensibles pour bien s'entendre avec le nouveau compagnon de maman ou la récente conquête du père.

Cependant, des enfants savent aussi tirer profit des situations de séparation par des pressions affectives afin de recevoir l'un ou l'autre cadeau !

Repères spirituels

Croyants et non croyants sont sur la même longueur d'ondes pour l'essentiel des valeurs humaines relatives à l'amour conjugal et parental. Dans les deux cas, l'engagement profane dans une vie de couple se veut ou se voudrait définitif.

Une différence concerne surtout le regard religieux. Ainsi, pour des chrétiens convaincus, le mariage entre un homme et une femme peut être scellé par un sacrement, signe de l'aide divine qui accompagnera les conjoints.

Quant à la célébration festive de cet amour, elle est présente tant chez les chrétiens que chez les autres.

De même, entre gays ou lesbiennes une célébration religieuse d'un amour réciproque est-elle vécue pour les chrétiens qui le souhaitent.[2]

Cet idéal de vie commune "pour les beaux et les mauvais jours" est à la fois bienfaisant, rassurant, mais exigeant. Sans porter de jugement moral sur ceux qui l'abandonnent, on constate que trop rapides sont actuellement les nombreuses séparations et ruptures officielles du contrat civil qui se terminent très souvent par un divorce.

L'Église catholique, en voulant défendre la fidélité, a sévèrement sanctionné les divorcés remariés, exclus dès lors de la communion eucharistique. Sans renoncer à prôner l'idéal de la fidélité, elle a petit à petit permis de prier des nouvelles unions, sans les assimiler au sacrement réservé à la première. Puis, elle a autorisé ces chrétiens divorcés remariés à communier, si "en conscience" ils se sentaient en harmonie avec le Christ.

---

[2] Cette union, cette alliance (autres mots que mariage) n'est pas sacramentelle, comme celle que prient homme et femme et qui s'ouvre naturellement à la venue d'enfants.

Nouvelles relations conjugales

L'être humain vit de plus en plus longtemps. À ce propos, certains prétendent qu'il est impossible de rester, durant toute sa vie, marié avec la même personne !

Qui avance cette affirmation ? Certainement pas celui ou celle qui a en a fait l'heureuse et durable expérience, car des couples goûtent un réel bonheur à traverser l'existence ensemble, malgré parfois des épisodes de séparation, en restant unis jusqu'au décès du conjoint. Plus de femmes que d'hommes se retrouvent ainsi dans un veuvage qu'elles assument avec courage et fraternité, restant proches d'éventuels enfants et petits-enfants et d'ami-e-s. Pour leurs familles, ils et elles sont souvent devenus des ilots de rencontres et d'activités heureuses.

L'accès facilité au divorce ou à des séparations comporte, à côté du versant douloureux, des valeurs nouvelles. Ainsi, des femmes, victimes d'un compagnon très violent, peuvent se libérer d'un emprisonnement, de menaces, de brutalités en protégeant aussi leurs enfants. Des hommes aussi font également partie des victimes quand la compagne est, par exemple, alcoolique, ou toxicomane. Au lieu de subir l'enfer, il faut pouvoir sauver sa peau et celle d'enfants concernés.

Face aux déboires, disputes et aux séparations dans les couples, qui pourrait se permettre de *jeter la première pierre* ?[3] Prendre position reste délicat, car ce qui se débat entre les deux personnes échappe souvent à la compréhension, quelle que soit la proximité avec l'un ou l'autre. Pour bien aider, il s'agit d'écouter, de dialoguer, sans juger les *intentions*, même si des *actes* négatifs peuvent être qualifiés d'inadmissibles. Il importe également de compatir et d'aider celui ou celle qui fait appel à nous.

L'aide décisive des grands-parents

Parmi les bienfaiteurs sollicités lors des tiraillements et des disputes conjugales se trouvent les grands-parents. Ces témoins souvent impuissants pour résoudre ces situations délicates demeurent des acteurs efficaces. Ils sont alors sollicités pour prendre en charge des petits-enfants. Leur dévouement et leur générosité sont habituellement exemplaires.

Dans nos sociétés acculées à certaines *déroutes* leur bonté restitue la bonne *route* à suivre, celle de l'affection, du courage et du dévouement.

Leur précieuse collaboration ne se limite pas aux situations épineuses.

Avec des parents amenés tous les deux à travailler, petites-filles et petits-garçons sont heureux d'aller rejoindre ces papys et mamys accueillants. Soustraits à l'autorité parfois pesante de parents fatigués, ils bénéficient chez eux de libertés plus grandes et d'une agréable présence permanente.

Quelques-uns de ces aînés doivent d'ailleurs, de temps en temps, refuser de trop en faire pour préserver leurs propres capacités.

[3] Allusion à cette scène émouvante de la rencontre de Jésus avec une femme surprise en situation d'adultère et menacée de lapidation, en Jean 8, 1-11.

Les liens tissés entre jeunes et grands-parents sont une nouvelle opportunité heureuse de nos sociétés marquées par le souci de rentabilité. Eux, au moins, sont disponibles et deviennent souvent des confidents privilégiés.

Lors de leurs décès, la tristesse des petits est un signe évident de l'attachement vécu avec eux et de tout l'amour qui les a fait grandir.

Sans foi, ni loi

Sans foi ? La prière a quand même été quelque peu abordée à propos des couples. Les trois prochaines parties aborderont ce domaine où peut se déployer une relation active ou non avec le divin, principal enjeu de cette étude.

Sans loi ? Le vécu familial analysé en a dégagé une essentielle au coeur humain : le besoin d'aimer et d'être aimé. Croyants et non croyants sont habités par cette pulsion qui s'épanouit dans l'amour et la fraternité. Notre dernière partie explicitera cette valeur fondamentale pour tous qui, quelles que soient les philosophies et religions sous-tend le dynamisme humain et la recherche du bonheur.

* * * * *

Chapitre 2

"Un monde meurt, un autre naît"

La question des croyances et de l'incroyance s'inscrit toujours dans un tissu humain très large, les sociétés et leur histoire.

Après un premier regard centré sur le milieu familial, nous abordons maintenant le contexte général où se déploie la famille. Quelles sont, en effet, les principales artères où circule le sang social ?

Se pose alors une question qui éclaire, en arrière-plan, ce paysage : le souci et l'attention spirituels sont-ils encore d'actualité dans nos pays ? Une interrogation qui conduit certains à proclamer un peu vite que tous les repères existentiels du passé s'évaporent et qu'une nouvelle civilisation (sous-entendu, nettement meilleure) remplace totalement la précédente !

Une société en ébullition

Actuellement, grâce aux médias, chacun peut suivre l'essentiel des événements qui se déroulent dans le monde entier. Et que constater ?

Selon plusieurs sociologues, l'Occident traverse depuis un demi-siècle une crise interne inédite. Partout s'effritent un peu plus des points de repère jusqu'à présent assez stables.

Les tumultes du milieu familial déjà cités occupent une place douloureuse ; harcèlements au travail, solitudes nombreuses surtout chez les plus âgés; désarroi des jeunes face à l'avenir dont le réchauffement climatique inquiétant; un marché du travail déséquilibré ; une nette pauvreté toujours présente ; les suites de la pandémie Covid-19.

À ce triste tableau s'ajoutent encore des nouveautés parfois dangereuses, l'offre abondante et la consommation de drogues de plus en plus nocives. Et chez certains un envahissement évident, voire un asservissement aux réseaux sociaux.

Cette sombre peinture décrit-elle totalement notre civilisation ?

Les pessimistes l'adopteront en déplorant les dégâts familiaux, les santés abîmées, les dégradations et le vol causés aux biens particuliers, une délinquance juvénile qui grandit.

Les optimistes, sans nier les problèmes, mettront en relief les bienfaits et améliorations de notre vie sociale, un bénévolat croissant dans tous les domaines, dont les visites en clinique ou en maison de retraite, la qualité des soins de santé, le plaisir de vacances originales, les allocations pour chômeurs, la promotion des sports pour la jeunesse…

Sans aucun doute, ces deux positions expriment chacune une part de la vérité très complexe dans laquelle toutes les religions et philosophies respirent ou... transpirent !

Les technologies ont mis la main sur l'économie et dirigent tous les rouages des ressources. Pourtant, elles ne sont pas omnipuissantes. D'où cette conviction écologique : "Il ne peut y avoir de croissance infinie dans un monde fini"[4], selon l'analyse prophétique de ce penseur chrétien.

Face à ce monde en mutation constante, la sagesse et la modestie restent des guides de premier choix.

Une qualité de vie toujours perfectible

En Occident, nous disposons d'immenses moyens pour viser une existence valable, accessible à une grande majorité. Les biens de consommation sont considérables : nourriture, vêtements, santé, transports et même des logements qui devraient cependant encore être plus nombreux.

Pour communiquer et s'informer, les moyens permettent à chacun de rejoindre autrui et de connaître sans tarder les grands événements quotidiens de la planète.

Cependant, des problèmes sérieux se posent pour notre avenir, car le réchauffement climatique résulte d'une utilisation irraisonnée de nos énergies et de nos matériaux dont l'usage du plastique est une illustration bien connue.

Et puis subitement, une pandémie inattendue vient totalement perturber nos habitudes et oblige chacun, pour assurer les survies, de pratiquer confinement rigoureux et douloureux.

Pour nos relations, on aimerait rencontrer un monde toujours fraternel, pleinement au service de l'humain. Mais, nous le savons, aucune spiritualité n'engendre cette perfection partout, vu la duplicité et l'égoïsme, qui, à des degrés divers, imprègnent les cœurs. On souhaiterait que des mots comme "démocratie" apportent toujours et partout des repères positifs au bénéfice de chaque citoyen en prenant en compte les plus faibles.

Mais l'homme a vite tendance à se servir lui-même au détriment des autres. La tyrannie, l'exploitation, le profit et toute la gamme des fautes communautaires créent sans cesse des injustices, des exclusions, des déviances, même parmi les responsables, parfois surtout chez eux !

L'ivraie semble mêlée au bon grain, jusqu'à la fin des temps[5]. Deux résultats opposés produits par notre liberté apte à engendrer bonheur et malheurs.

D'où la nécessité d'un engagement permanent pour un meilleur vivre individuel et collectif.

Pensons à la faim dans le monde, à la nécessité absolue dans les pays pauvres de quitter sa terre natale pour survivre ailleurs, à la répartition injuste des richesses même dans les pays les plus aisés, avec des injustices à propos de la gestion des logements sociaux.

[4] Pensée empruntée à Jacques Ellul, *Le bluff technologique,* (1988), Hachette, "Pluriel", 2012, pp. 196 et 412.

[5] Cette réflexion fait allusion au texte célèbre de Matthieu 13, 24-30 dans lequel Jésus évoque une intrication permanente du bien et du mal, dans ce monde,

Les enseignements de l'histoire humaine donnent ainsi la certitude que le bonheur total, le "paradis" n'est pas réalisable sur cette terre. Ce qui ne doit en rien nous démobiliser pour améliorer la vie commune de tous et spécialement le parcours de ceux et celles dont nous sommes directement responsables.

Quand le monde change

Pour relativiser des propos alarmistes sur notre époque, il est sage de jeter un coup d'œil en arrière sur le passé de nos lointains prédécesseurs.

Lisons quelques remarques rédigées par le grand historien érudit Daniel-Rops qui explique comment, au IIIe siècle, dans l'Empire romain, la crise spirituelle profonde laisse pourtant surgir un renouvellement inattendu[6]. En voici quelques extraits :

.

"Tout s'effondre, tout va à la dérive. En plus de l'immoralité des puissants, il n'est aucun règne qui ne montre plus ou moins l'exemple du divorce, du concubinage affiché. Aucune grande famille qui ne révèle ses tares, aucune, aucune qui ne soit envahie par la bâtardise servile, issue d'innombrables unions avec des servantes maîtresses"[7].

Au plan religieux également, c'était la dispersion et la débâcle. Toutes les idoles anciennes cohabitent avec les nouvelles divinités venues d'Orient et on assiste à un syncrétisme très disparate qui ne séduit pas vraiment le peuple.

Devant la nécessite de rassembler les citoyens dans une démarche spirituelle unifiée, certains dirigeants, comme Aurélien, cherchent à imposer le culte du Soleil, divinité suprême à laquelle on devait pouvoir se référer !

La réussite fut très mitigée, et même vouée à l'échec.

"Dans l'immense crise où se débat le monde antique, l'Évangile ne va pas tarder à apparaître comme la seule chance de salut. Au IIIe siècle, on ne peut manquer d'être stupéfait par le champ qu'il couvre. Pratiquement, à des degrés divers, c'est l'Empire tout entier qui a été ensemencé par l'Évangile."[8]

Pour les hommes de bonne volonté qui prennent du recul, cette analyse, d'une époque ancienne, permet de constater qu'après l'hiver survient toujours le renouveau du printemps.

Encore faut-il que chacun et chacune y prenne part en examinant ses motivations et en osant s'engager dans une direction spirituelle qui favorise la fraternité.

* * * * *

---

6 *L'Église des apôtres et des martyrs*, Paris, Librairie Arthème Fayard, 1948, page 253.
7 *Ibidem*, page 263.
8 *Ibidem*, pp. 374-375

Chapitre 3

Le choix spirituel

Toutes les grandes spiritualités, croyantes ou non, comportent un contenu fondamental auquel se réfèrent leurs membres, les fidèles. On y découvre principalement les origines de ce parcours, des éléments de doctrine et un fonctionnement général.

Cet ensemble cohérent évolue cependant selon les époques.

Habituellement, chaque individu se rattache ainsi à une idéologie qualifiée différemment selon les particularités : religion, culte, association, mouvement, parti,...

Rares, mais il en est, sont ceux et celles qui ne s'identifient à aucune spiritualité comprise au sens le plus large.

Dans le concret de la vie quotidienne, chaque personne liée sérieusement à une idéologie est appelée à en devenir un adepte et, à des degrés divers, un pratiquant.

Répondre à cet appel suppose qu'on en perçoive l'utilité et qu'on y réfléchisse, un jour ou l'autre, avant de s'engager davantage sur la voie choisie. Ou avant de remettre en cause une position adoptée.

Quelle place pour la spiritualité ?

Dès que s'amorce le thème du choix spirituel, une question capitale s'impose : aujourd'hui, les hommes ont-ils encore besoin de spiritualité ?

En répondant affirmativement, voyons quelque peu le motif principal qui, à l'instar de la santé corporelle, concerne notre santé mentale.

Au plan physique, si on néglige totalement les exercices, ne fût-ce qu'une courte marche régulière, petit à petit le corps risque de s'en ressentir : articulations moins souples, musculature ankylosée, coeur et poumons "endormis",...

Les personnes âgées le savent, il faut bouger, se forcer pour maintenir une forme minimale. De même, en période caniculaire, est-il nécessaire de boire beaucoup, même sans avoir vraiment soif.

Concernant les capacités de l'esprit, ce conseil s'applique tout autant à chacun et chacune pour garder la vitalité. Ainsi, l'exercice de la mémoire pour retrouver un nom ou un mot nous est familier.

Mais l'enjeu spirituel dépasse cet entretien du cerveau. Car il est présent dans les orientations décisives du parcours humain, il concerne les valeurs qui peuvent motiver et diriger nos choix les plus importants.

Suis-je uniquement focalisé sur l'argent ou la rencontre amoureuse ? D'autres objectifs orientent-ils mon existence ? Quel est la place d'autrui dans mon horizon? Quelle est la mienne dans la société, dans mon milieu de vie habituel ? Et cette interpellation fondamentale dans cet ouvrage : une divinité est-elle mêlée à mon destin, à notre sort commun, depuis la naissance de l'univers jusqu'au passage final et personnel par la mort ?

Dès lors, quel sens donner à la vie, à ma vie ? Que faire de mon existence ? Que remettre en question ?

Des questions qui réclament un réel discernement.

Oser prendre en compte sereinement son destin, totalement ou partiellement, c'est devenir un être humain qui ne se prend pas pour le Maître absolu et infaillible de la vérité. C'est également faire une halte pour peser les enjeux et les choix accomplis jusqu'alors. Un arrêt qui ressemble au temps de retraite que vivent chaque année ceux et celles qui sont engagés sur le chemin très spirituel de la vie religieuse ou du sacerdoce. Prendre du recul, c'est prendre le temps de penser, un luxe que ne peuvent vivre tous les humains, vu les inégalités de condition humaine, mais aussi celles de l'intelligence.

Penser, mais aussi percevoir

Le petit de l'homme parcourt quelques années avant d'atteindre l'âge dit de raison. Très vite fusent alors les premières questions: *«Pourquoi papa est-il fâché ? Pourquoi papy est-il mort ? Comment fabrique-t-on du chocolat ?»* Et plus il grandit, plus les interrogations deviennent perspicaces: *«Comment les avions font-ils pour rester en l'air et les portables pour garder tous les messages ?»*

"Je pense, donc je suis", a dit Descartes. Mais en visant les nouveau-nés et les personnes handicapées mentales profondes, il est sans dote judicieux d'ajouter : *"Je perçois autrui, donc je vis"* .

Le bébé qui n'a pas encore de pensée élaborée saisit qu'en pleurant et criant, il déclenche une réaction qui permet de se retrouver dans les bras de quelqu'un qui l'aime.

De même, une jeune grabataire hydrocéphale dont le vague regard n'accroche personne perçoit-elle la présence humaine. «On l'avait présentée comme semblable à un légume ! Dès lors, tous les matins, en arrivant au Centre, raconte une éducatrice, je lui donnais la main! Après cinq jours, au moment de ce geste fraternel, elle a souri !" Un instant de plaisir où elle percevait la chaleur d'une main amicale. Non, les légumes ne sourient pas !

Une place pour les plus petits, les plus fragiles devrait faire partie de notre itinéraire.

En quête de l'essentiel

Comme chercheurs de sens et de vérité, sondons quelque peu les profondeurs de notre désir existentiel.

Ce désir lié à notre envie naturelle de vivre éternellement est présent dans toute quête de bonheur, un besoin d'un 'toujours plus'. En nous, il se traduit subtilement en souhaits concrets : satisfactions matérielles, santé, réussites, contact, dépaysement, voyage,... Oui, tout savoir, tout voir nous plairait énormément. Mais, selon les paroles d'une chanson harmonieuse interprétée par Michel Fugain, il convient d'accepter notre sort actuel :

"*Même en courant plus vite que le vent*
Plus vite que le temps
Même en volant je n'aurai pas le temps pas le temps
de visiter toute l'immensité d'un si grand univers. "

Une insatisfaction foncière nous colle eu coeur. Il faut parfois oser la regarder en face.

Lorsque la vie nous sourit, quand l'amour est bon et comblé, quand le travail nous plait, humanise les gens et le monde, ce qui est agréable et positif demande à *demeurer*, mais rien sur cette terre ne dure et le sentiment que tout est éphémère s'incruste dans notre effectivité.

Ce caractère passager du temps qui défile, l'auteur de l'Ecclésiaste, quelques siècles avant notre ère, l'a bien exprimé :

"Il y a un temps pour tout,
un temps pour toute chose sous les cieux :
un temps pour naître, et un temps pour mourir ...
un temps pour se taire, et un temps pour parler
un temps pour aimer, et un temps pour haïr
un temps pour la guerre, et un temps pour la paix."[9]

N'y a-t-il jamais de moments où je sois totalement comblé ? On répondrait parfois affirmativement. Par exemple, quand tout notre être s'est concentré sur une seule chose et qu'il l'obtient. Ainsi, j'ai terriblement soif, après une très longue marche en plein été et je ne suis plus qu'un appel désespéré à boire. L'eau est "tout" pour moi. Et finalement je la trouve chez un fermier. Je pars m'étendre et un instant j'éprouve la sensation d'être comblé, apaisé. Mais tout de suite, je me remets à désirer de nouveau, car mes pieds me font horriblement mal !

Rien, jamais, ne saurait être mon "tout" et le *rester*.

À travers nos joies et nos souffrances, le pressentiment d'un au-delà des frontières humaines s'impose souvent à nous.

De notre désir de bien faire et de vivre cordialement avec autrui se dégage également chez chacun comme l'intuition que "*moi*," être fini et instable, je suis fait pour une *bonté* absolue, pour un *bien* total.

Et surgit alors cette question fondamentale : ma vie a-t-elle une destination, une orientation ? Et plus profondément encore : notre condition d'homme n'appelle-t-elle pas un absolu qui serait le divin ?

Les réponses varient et constituent la suite des pages qui suivent, après un mot sur un certain discernement.

[9] Chapitre 3, 1-8.

Clarifier sa recherche spirituelle

Criant "Allah Akbar" c'est--dire : "Dieu est le plus grand", tout en massacrant des innocents, les extrémistes djihadistes détruisent aussi l'image d'une divinité aimante et accueillante. Ils dévalorisent également la beauté d'une grande religion suivie par des millions de fidèles respectueux d'autrui..

Incroyants, croyants musulmans, chrétiens ou autres, il nous faut chercher et présenter les valeurs suprêmes de nos spiritualités et utilisent vraiment d'autres méthodes, plus sensées comme, parmi beaucoup d'autres, les réflexions suivantes rédigées avec un ami.[10]

Il s'agit de trois critères qui réunis permettent de mieux identifier nos choix positifs :

Premièrement, *ces convictions-là éveillent-elles en nous un sentiment profond de paix ? Le contraire de la peur, de la rage et autres passions semblables.*

Deuxièmement, *produisent-elles autour de nous des fruits tangibles d'amour, de vie et de bonheur ? Par exemple, après avoir rendu visite à un grand malade, je me dis en sortant : "Notre rencontre lui a fait du bien. Cela se lisait sur son visage et dans ses mots. Quant à moi, cette visite me laisse aussi un goût de bonheur. J'ai reçu sa confiance et son amitié."*

Troisièmement, *ces mêmes convictions suscitent-elles des bienfaits abondants, comme chez des personnes que j'admire et qui inspirent mon action ? Tels Mère Teresa, Martin Luther King, Henri Dunant, le père Damien et tant d'autres.*

Ce sont des « géants » du bonheur, de l'amour. Ils tracent magnifiquement un chemin sur lequel chacun peut avancer à son pas, en boitant ou en courant.

* * * * * *

---

[10] Dans *Tant que je vis, j'espère,* José Davin et Michel Salamolard, Éditions Mols, 2017, page 172. Un ouvrage qui aborde les principales joies et peines de l'existence.

Deuxième partie.

Croyants au seuil de l'incroyance

Désormais, la rencontre passe
par cette initiative :
"Entrez dans la maison des autres,
quels qu'ils soient."

Pierre-François de Béthune

Chaque homme doit inventer son chemin.

Jean-Paul Sartre

Chapitre 4

"Dieu", un concept primordial et déroutant

Personne ne s'étonnera que soit surtout envisagée dans ce livre, bien sûr toute non croyance, mais du côté des croyances principalement celle des chrétiens, majoritaires dans nos pays. Ceci n'empêche nullement quelques allusions à l'Islam et au Judaïsme, les deux autres religions monothéistes.

Ce chapitre voudrait dégager le vécu et les réflexions d'un bon nombre de chrétiens qui se posent des questions sur leur spiritualité et dont beaucoup ont pris distance avec la pratique religieuse.

Ils constituent d'ailleurs la majorité des baptisés et chacun de nous en connaît parmi ses proches et ses amis.

D'où diverses réflexions : une approche du domaine divin, les motifs de la distanciation, l'incroyance déjà présente.

"Dieu" un concept primordial et déroutant

Que sous soyons croyants ou non, le terme "dieu" nous interpelle.
Parmi les mots les plus connus, il est sans aucun doute un des plus répandus, à travers l'histoire humaine et sur tous les continents. Pourtant, le définir de façon précise et universelle s'avère toujours compliqué et très abstrait : une intelligence suprême, la source de toute existence, l'infini sans imites, ... ?

Parmi les sciences humaines, la philosophie, dans ses raisonnements les plus avancés, définit le "divin" en lui conférant un attribut suprême, celui de l'*être,* l'*existence* parfaite. Tout en affirmant ce statut, elle reconnaît que sa nature échappe à la compréhension, car il s'agirait d'un être parfait, donc éternel, hors de l'espace et du temps, dont il serait l'auteur. Impossible pour nos esprits de s'évader hors de ce carcan et de l'imaginer. Dès que nous tentons de le fixer dans un vocable, celui-ci reste imparfait et rebondit sans cesse vers un "davantage" dont nous ne pouvons concevoir qu'il soit sans fin !

Pour beaucoup, concernant la place d'un monde invisible, les premières interrogations sur le parcours humain terminé par la mort aboutissent à une acceptation résignée, celle du bon sens. Pas question d'introduire une notion divine. "*C'est la Vie !*", dit-on, avec ses bons côtés et ses versants malheureux. Le destin humain reste mystérieux, même si on le qualifie de *Vital* avec une majuscule.

Ce qu'en dit l'étymologie

Pour cerner davantage le divin, interrogeons brièvement une science particulière, l'étymologie. Parfois, l'origine d'un mot livre quelques explications bienvenues et utiles sur sa nature et sa consistance.

À propos du mot "dieu", on obtient très vite deux explications qui renvoient finalement à la racine indo-européenne "déi". Celle-ci désigne la clarté.

D'une part, on évoque la lumière *céleste* et ses dieux qui brillent dans le ciel. Une interprétation d'où progressivement s'est dégagé le terme « dieu ».

D'autre part, il s'agit de la lumière *terrestre* qui par le mot latin "dies", le jour, s'est transformé également en "dieu".

Ainsi, dès le début, selon des perceptions intellectuelles primitives, la divinité est considérée comme proche de la lumière sans pour autant s'identifier chaque fois à celle-ci.

Une certaine parenté unit donc la divinité à la lumière, ce que la Bible raconte au début du texte :

"Dieu dit : Que la lumière soit et la lumière fut."[11]

Pourtant, les humains n'ont jamais cessé de désigner une ou plusieurs divinités pour expliquer leur destin. Souvent les forces naturelles, tel le soleil, apportaient une réponse.

Plus proches de nous, des penseurs, comme Nietzche, ont introduit la notion de *protection* comme explication du désir d'un dieu. Une sorte de "super-moi" psychique dont l'humanité a besoin pour se sentir assistée. Et, selon lui, ce refuge qui permet de vivre en sécurité se serait concrétisé dans les religions.

Les chrétiens rejoignent Dieu à partir de deux différences essentielles par rapport à ce qui précède. Ils rejoignent un Dieu qui est pour eux une *personne* et non pas un simple *concept*. D'autre part, il s'agit d'une relation qui a été initiée par Dieu au lieu d'être conçue par les humains.

Et qui est ce Dieu ?

Le célèbre penseur dominicain, saint Thomas d'Aquin, a bien résumé l'approche sur Dieu en écrivant :

"En cette vie, nous ne connaissons pas qui est Dieu ; nous lui sommes donc unis comme à un inconnu."[12]

La phrase peut étonner les croyants ! Cet éminent théologien a cependant rédigé cette affirmation dans un contexte très chrétien. Après avoir présenté Dieu qui s'est révélé en Jésus de Nazareth, il tient à souligner que tout en étant en communion avec lui, nous restons malgré tout démunis pour bien saisir sa nature et sa perfection, tellement est étendu l'espace de connaissance entre les humains et l'Infini.

Les croyants juifs et musulmans pour qui Dieu ne s'est pas manifesté en un homme sont, eux, directement à l'aise avec cette affirmation à l'égard de l'Éternel miséricordieux.

"Ce Dieu absent qui fait problème"

Tel est le titre d'un livre passionnant du théologien suisse François Varonne.[13]

L'absence physique de Dieu ou d'un dieu est une expérience absolument commune à laquelle chaque humain est habitué, mais qui reste problématique.

---

[11] Genèse 1, 3.
[12] *Somme théologique*, I, question 12, article 13.
[13] Édition du Cerf, paris, 1991.

Cette absence explique en partie l'athéisme installé depuis toujours, même si pour divers peuples, dont les Africains, la relation avec l'au-delà et le monde invisible, voire divin, demeure assez spontanée, Elle est beaucoup mois présente en Occident.

Cette absence divine est souvent ressentie péniblement chez ceux et celles qui lui présentent diverses demandes sans obtenir de réponse suffisante. Très proche de ce regret est la déception de ceux qui l'accusent de laisser le mal et la souffrance sévir en ce monde (réflexion abordée dès le prochain paragraphe).

Donc Dieu resterait sourd à nos demandes. Ceux qui ressentent cette impression, et ils sont nombreux, pensent que le "Tout-Puissant" devrait davantage intervenir, en exauçant leurs demandes.

Pour les chrétiens surtout, trois réflexions sont ici utiles.

D'une part, Dieu tel que nous le connaissons n'a pas voulu se rendre nécessaire pour accompagner nos vies. Manifestement, il nous a surtout confiés les uns aux autres, tout en nous soutenant fortement par son Esprit.

D'autre part, justement, il a invité à se rendre disponibles à cet Esprit qu'il souhaite répandre dans les coeurs, selon un échange librement consenti[14].

Nos représentations de Dieu, nos capacités de l'appréhender, demandent sans cesse à être évangélisées. Ainsi, son absence, sa discrétion n'ont rien à voir avec une indifférence envers les hommes.

Au contraire, comme des parents qui encouragent leurs enfants à voler de leurs propres ailes, il nous laisse dans une réelle et grande liberté, signe d'un profond respect pour nous. Il nous a confiés es ns aux autres.

Et enfin, Dieu s'est-il jamais présenté comme intervenant directement dans les événements de ce monde ? Certes Jésus, pour montrer son humanité est liée à la divinité, a accompli des gestes de guérison. Mais ce temps de "révélation" s'est terminé avec la mort du dernier apôtre.

Ne nous laissant pas orphelins, Jésus a répandu son Esprit dans les coeurs de ses disciples et il l'envoie sans cesse pour nous conforter face aux événements douloureux, tout en invitant à soulager toutes les victimes.

Le Dieu des chrétiens n'est pas un maître du monde qui dirige tout, la naissance et la mort des hommes, leurs joies et malheurs. Il ne s'est même pas rendu nécessaire pour la réussite de chaque vie. Il ne s'est pas voulu indispensable pour cette vie. Mais il a donné la sienne pour que tous participent à une vie ultérieure bienheureuse.

* * * * * *

---

14 Lire à ce sujet le passage éclairant dans l'évangile de Luc 11, 9-13.

Chapitre 5

Dieu simple spectateur de nos malheurs ?

La réflexion humaine s'est attelée à essayer de comprendre l'idée d'un dieu qui serait à la fois bonté et toute-puissance, mais incapable de supprimer le mal et les souffrances. Épineuse juxtaposition qui se conclut chez certains par l'inexistence divine.

Pour les chrétiens, c'est en Jésus qu'ils trouvent une réponse à cette objection rationnelle, en soulignant, par ailleurs, l'autonomie de la liberté et de la nature.

Le dernier mot de notre itinéraire souvent perturbé et mystérieux ne serait-il pas prononcé par Dieu lui-même ?

Dieu en accusation

Une des argumentations de la non croyance repose sur l'impossibilité apparente d'accepter une divinité considérée comme aimante et qui soit à l'origine des maux d'une humanité sans cesse malmenée aussi par la méchanceté et par la mort.

Face aux épreuves douloureuses, un sentiment négatif se tourne vers l'auteur de cette existence en le mettant clairement en cause.

Dans un roman remarquable[15], Albert Camus fait écho à cette révolte par le célèbre dialogue entre Rieux, indigné, et un prêtre qui évoque, pour calmer son interlocuteur, un amour supérieur. Rieux lui rétorque : *"Non, non, mon Père, je me fais une autre idée de l'amour. Et je refuserai jusqu'à la mort d'aimer cette création où des enfants sont torturés."*

Cette situation ne cesse d'interpeller aujourd'hui le quotidien de croyants, tel celui de Ilaria, 19 ans[16] , en évoquant sa vie :

"Suite à certaines circonstances, je perçois Dieu actuellement comme 'un père à la carte'. En effet, n'ayant plus de père qui m'aime, je me réfugiais dans l'amour divin. Mais à force d'essayer d'entendre sa voix et sentir sa présence, rien n'est venu.

Je lui ai juste demandé de prendre soin de ceux que j'aime, la présence, d'un père dont j'ai tant besoin, rien n'est venu.

Alors oui, jl aurait des preuves suffisantes pour me convaincre qu'il est amour, mais je suis en colère pour l'instant.

Car je ne lui ai demandé qu'une chose et il ne l'a pas accordée et il a fait tout le contraire !"

L'appel affectif présent dans ce douloureux témoignage fait partie d'un accompagnement étranger au propos de ce livre.

15 *La Peste,* Paris, Gallimard, 1947, p. 172.

16 Rappel : tous les prénoms des personnes qui nous ont autorisé à publier leur texte sont des prénoms fictifs, d'emprunt.

On en retient son accusation légitime contre le Dieu qu'elle souhaite plus efficace pour changer le monde.

Cette révolte contre Dieu, due à la souffrance, a été spécialement analysée par des philosophes modernes, tels Luc Ferry et surtout André Comte-Spomville[17]. Ce dernier, dans de nombreux ouvrages, reconnaît le côté désespérant de notre condition humaine, mais sans avoir besoin de recourir à un dieu. Condition qu'il dit assumer sans découragement ni tristesse, en s'investissant dans l'amour.

Nous nous réjouissons d'entendre de leur part le primat de l'amour fraternel qui pour tous constitue le socle d'une vie commune réussie.

Par ailleurs, les trois prochains paragraphes, sans entrer dans des raisonnements dialectiques et fastidieux, apportent quelques mises au point concernant leurs propos.

En Jésus, une action décisive

Jésus n'est pas venu expliquer la souffrance, mais la remplir de sa présence, a écrit Paul Claudel. Face au malheur, il donne peu de commentaires, mais offre son amour et son aide.

Finalement, dans sa passion, il subit lui-même toute forme de violence et de méchanceté, jusqu'à la mort. Son expérience éclaire notre rapport au mal et à la souffrance. Il a partagé notre sort et comprend de quoi on lui parle dans nos plaintes. Cloué sur une croix, victime d'une mort cruelle et injuste, il a également exprimé un pardon divin envers les méchants qui se repentent. Ce fut clairement signifié au larron crucifié comme lui :

"Aujourd'hui, tu seras avec moi au paradis."[18]

Face à des gens meurtris par une destinée sans issue et suicidaire, le dernier mot prévu par l'auteur de la vie évoque cet horizon lumineux où enfin ils goûteront un parfait bonheur recherché en vain pendant tout leur parcours humain.

L'enjeu de la liberté

Dieu nous a voulus libres, parce qu'il nous a imaginés susceptibles d'aimer, jusqu'à le rejoindre dans sa propre divinité. Depuis toujours, l'homme fait un usage hésitant de sa liberté, tantôt pour le bien et tantôt pour le mal. Nous sommes capables de générosité, mais tentés aussi par la convoitise et par la méchanceté.

Manifestement, Dieu respecte notre liberté, indispensable à la réalisation de son projet, partager sa propre expérience de l'amour. Il n'est pas simple d'y adhérer, quand nous sommes face à tant de dégâts causés délibérément par les humains.

---

[17] On trouve un excellent aperçu de ces idées dans leur écrit commun *La sagesse des Modernes : Dix questions pour notre temps,* Paris, Robert Laffont, 1998. Lire aussi une intéressante critique de leurs positions présentée par Michel Salamolard dans *Dieu des athées, des agnostiques et des chrétiens,* Saint-Augustin, Saint-Maurice, 2010, pp. 82-124.

[18] Luc 23, 43.

La liberté dont disposent les hommes peut faire très mal. Parfois, nous préférerions peut-être que Dieu supprime cette liberté humaine... du moins chez les autres, chez les pires criminels. Ne devrait-il pas finalement supprimer notre propre liberté quand nous sommes prêts à mentir ou à médire, à frapper injustement quelqu'un... ?

Nous serions alors réduits à la condition de pantins ou de robots. Il y aurait certes moins de souffrance sur terre, mais jamais nous ne ferions non plus l'expérience du libre amour. Et jamais, par conséquent, nous ne pourrions devenir, en fin de parcours, comme Dieu.

Si Jésus n'avait pas parlé et montré l'immense étendue du pardon d'un Dieu puissant en miséricorde, nous serions rongés par une culpabilité ou une révolte incessante. Si l'Esprit de Dieu n'était pas répandu dans le cœur des hommes, en voulant semer l'amour, nous serions désespérés.

Chaque fois que des humains choisissent de respecter et d'aimer autrui, en revanche, nous sommes déjà au paradis et le règne de Dieu est parvenu jusqu'à nous.

Le mois dernier, un ami attaqué le soir, en face d'une gare, a dû remettre à deux voyous son portefeuille contenant cent euros ainsi que son téléphone portable. Jetées par terre, ses lunettes se sont brisées. Vu qu'il ne vit pas dans l'aisance, cette agression le pénalise sérieusement. Et le choc psychologique le marque encore davantage : sommeil troublé, angoisses, peur de sortir... Rien à voir avec Dieu, mais, comme chantait le père Duval, *«la colère gronde, sur la terre comme au ciel, la colère du bon Dieu !»* Cette colère exprime le combat de Dieu contre toute injustice avec les seules armes de son amour qui nous est confié pour un "bien vivre ensemble".

Y aura-t-il une justice face à tant de mal volontairement commis par des hommes ? Si tout se joue en cette seule vie, il faut clairement répondre non. De grands malfaiteurs restent impunis. À d'innombrables innocents la justice est refusée. Cela nous révolte, à bon droit. Nous aspirons à une véritable justice. Tel est le sens du fameux "jugement dernier" que les chrétiens attendent, en étant confiants qu'à la fin des existences le verdict de Dieu sera à la fois celui d'une miséricorde infinie et celui d'une parfaite justice.

Chacun connaîtra en pleine lumière la valeur de sa vie et de ses actes, mais cela se réalisera dans la clarté d'un amour capable de réparer les êtres les plus abjects et les plus abîmés.

Une étreinte purificatrice leur sera offerte, dans laquelle chacun ressentira la brûlure et la douleur de ses péchés, en même temps qu'il découvrira l'amour divin plus grand que sa bassesse. Chacun entendra la voix du Sauveur lui murmurer des pensées de conversion : *«Pour toi aussi, j'ai donné ma vie. Veux-tu être pardonné et purifié ? Veux-tu entrer avec moi dans le paradis ?"*

Les modalités et les conditions de ce jugement nous échappent totalement, mais son annonce est évidente.[19] Nous pouvons l'envisager dans une confiance totale : justice sera faite, miséricorde aussi.

Que dire, par ailleurs, des malheurs qui nous viennent des forces aveugles de la nature: tremblements de terre, tsunamis, inondations, sécheresses, vieillissement du corps, maladies, handicaps, et finalement la mort ?

---

[19] Matthieu 25, 31-46.

Autonomie de la nature

Créature également, le monde où nous vivons est imparfait, en devenir, en croissance, inachevé. Il est matière, c'est-à-dire soumis à l'usure. Il a ses lois propres que nous pouvons découvrir et qui nous permettent de le connaître et de le maîtriser toujours mieux.

Depuis toujours, l'homme a trouvé sa grandeur et prouvé sa valeur en s'efforçant de dominer la nature, d'utiliser au mieux les ressources immenses qu'elle offre, de prévenir les dangers qu'elle comporte aussi, de réparer les dégâts qu'elle peut occasionner. Les progrès de la médecine ne se comptent plus, ni celles de la technique sur les forces de la nature, ni les victoires de la solidarité.

Chaque crise, chaque catastrophe, chaque maladie est l'occasion d'une prise de conscience, d'un élan de générosité, d'une relance des efforts techniques et politiques en vue de réduire les risques et de limiter les conséquences dramatiques pour l'humanité.

Beaucoup reste à faire, certes, mais tout ce qui déjà a été accompli nourrit notre motivation et notre engagement. L'Esprit de Dieu préside aussi à nos combats dans ce don.

Cette terre est notre maison commune, a écrit le pape François[20]. Il s'agit non seulement de la préserver, mais de la sauver. Tout un programme mondial urgent pour une meilleure écologie. !

* * * * *

[20] Encyclique *Laudato si'*, 2015.

Chapitre 6

Tous, un peu incroyants ?

Avant de laisser aux non croyants tout l'espace de la troisième partie, nous clôturons celle-ci surtout destinée aux croyants en recherche qui ont pris distance avec le monde chrétien.

Ce retrait se situe de façon variée : avec le culte, l'Église, la pensée évangélique, le Christ. Et chaque distanciation est toujours très personnalisée.

Sans pouvoir vraiment rejoindre chacun des cheminements, ce chapitre voudrait donner des éléments de réflexion afin de bien se positionner et se déterminer.

Une appartenance religieuse ?

Un changement spirituel progressif a marqué, depuis une cinquantaine d'années, les mentalités des pratiquants réguliers. Petit à petit, beaucoup de fidèles se sont retirés des assemblées dominicales, sans se donner le mot, mais par contagion, suite à diverses évolutions.

Certains ont souligné le peu d'évolution liturgique à l'heure où l'audiovisuel, les échanges et la convivialité prennent de plus en plus d'importance dans les rencontres publiques. *"Alors que la réforme conciliaire voulait promouvoir une réelle participation de tous à l'action liturgique, une 'resacralisation' a creusé de nouveau la distance entre clergé et fidèles."*[21]

Citons encore comme changements le travail des deux parents, les séparations de couple, la présence accrue des loisirs et du sport, la mixité homme/femme partout, y compris dans les écoles et dès lors des modifications de meurs.

Quels que soient les nombreux motifs qui ont provoqué une distanciation en Occident envers le milieu chrétien, sous le nom de *sécularisation*, c'est un fait. On peut toutefois noter une certaine pratique religieuse lors de funérailles et d'autres célébrations où se dégagent non seulement un lien avec l'Église, mais aussi chez beaucoup une certaine relation avec le divin.

Celle-ci s'exprime souvent par une réelle sympathie et une adhésion aux valeurs chrétiennes reçues dans la jeunesse. Dans ces options se retrouvent le respect des biens d'autrui, la fidélité (relative) dans le couple, l'aide au prochain en difficulté. Des valeurs, notons-le, qui sont présentes chez d'autres que les croyants.

Plus habituel est le sentiment d'appartenance, malgré le pluralisme qui s'installe. Comme l'a bien exprimé Caroline Säesser, citée par Thierry Tilquin[22], cette visibilité

[21] Revue "Études", octobre 2019, dans l'article intéressant de Jean-Louis Schlegel, *Pourquoi on ne va plus à la messe,* pp. 83-943.

[22] Article *Catholique, laïque : un clivage dépassé ?,* dans la revue "L'appel", février 2020, pp. 7.-8.

superficielle continue, par exemple, "lorsque l'évêché annonce que l'on va désacraliser et réaffecter certaines églises qui ne sont plus utilisées.... Il ne faut pas sous-estimer l'impact culturel et identitaire. ... Si la pratique religieuse continue de baisser, mais que les gens continuent de se déclarer chrétiens ou catholiques, c'est aussi parce qu'ils ont l'impression que d'autres communautés non catholiques, en particulier l'islam, sont plus desservies dans l'espace public. On s'affirme chrétiens même si on ne va plus à la messe, on se rattache à ce qui est perçu comme un héritage historique, culturel et patrimonial."

Islam et Judaïsme également secoués

Dans nos pays, comme pour le christianisme, les deux autres grandes religions monothéistes, une fois émigrées en Occident, rencontrent aussi des difficultés à maintenir leur souffle initial. Le climat religieux est, en effet, très différent entre leurs terres d'origine et la situation européenne.

Ils le disent eux-mêmes et nous le constatons également avec eux.

Chez nos amis musulmans surtout, la diversité des réactions est très large. Un grande majorité respectent le Coran, même si plusieurs n'en ont guère pris connaissance. Leur religion se transmet d'ailleurs beaucoup par les traditions. Plusieurs sont aussi restés très fervents et se rendent régulièrement à la mosquée.

Et puis, il y a ceux et celles qui ont pris distance. Nora se dit incroyante, mais ne mange pas de porc, tandis que Norine en mange mais se présente comme croyant !

Une dame nous a aimablement confié sa préoccupation :

"En tant que musulmane et maman de trois enfants, l'éducation islamique a toujours eu une place importante dans mon rôle de mère.

Expliquer l'existence de Dieu à des enfants n'est pas une tâche facile ici en ***France.***

Mes enfants m'ont longuement interrogée sur ce fait. Cependant, j'ai dû aussi faire face à des questionnements douteux de leur part, tels que, par exemple,: 'Pourquoi Dieu veut-il qu'on fasse la prière ? À quoi cela sert-il ? Pourquoi ne nous offre-t-il pas tout ce que l'on veut ? S'il existe ? "

Ma mission est de les guider au maximum sur des croyances en accord avec ma religion."

Beaucoup de parents chrétiens liront sans aucun doute dans ce témoignage leur vécu familial.

La réalité relieuse des musulmans, comme chez nous, varie aussi selon les générations, dont Leila qui vit en Suisse en fournit un témoignage éclairant :

"Mes grands-parents venus d'Algérie sont des croyants convaincus, mais pour leurs enfants, c'est différent. Certains ont fait le choix de croire en Dieu et d'autres de ne pas y croire.

Quant à moi, je n'ai jamais lu le Coran, mais je crois en Dieu. Je ne suis pas pratiquante de toute la religion, notamment la prière à la mosquée, mais je prie tous les jours et je tâche d'aimer mon prochain."

Nous avons abordé ce sujet sans aucune prétention sociologique, en voulant simplement donner un modeste reflet des questions qui se posent. Elles sont semblables dans le judaïsme dont Esther, une amie parisienne d'origine juive, a accepté d'en dire quelques mots :

"Le lien à Israël demeure globalement central dans la manière d'être juif aujourd'hui. Autrement dit, être juif, ce n'est pas seulement croire, pratiquer, mais ce que l'on peut observer dans certains quartiers, c'est l'accent mis sur l'étude. Des écoles privées juives existent, s'ouvrent et recrutent. Des séminaires en vue de devenir « rabbin » existent aussi dans Paris. Le culte juif a désormais des rabbines.

Si une majorité de juifs ne pratique pas, ils se sentent tous reliés à Israël."

La rencontre entre toutes les religions, dont les trois monothéistes, enrichit ceux qui s'aventurent dans les rencontres spirituelles. Elle s'établit aussi à l'intérieur de chacune des trois religions qui comportent des différences, comme celle des confessions chez les chrétiens : protestants, anglicans, orthodoxes et catholiques.

Les rencontres sont réussies lorsqu'une même prière nous réunit, s'adressant au Dieu unique que nous approchons tous par nos chemins diversifiés.

Éloignement compréhensible

Actuellement, nombre de jeunes vivent une appartenance religieuse ou idéologique en changeant souvent leurs références. On parle de société liquide, d'une fluidité spirituelle qui reflète un certain désarroi ou une recherche toujours insatisfaite.

Chez plusieurs, il apparaît aussi qu'ils n'ont plus du tout de religion ou de spiritualité stable. Selon les pays, on avance des pourcentages de 20% à 50% !

Chez les jeunes adultes et les générations précédentes les questionnements ne manquent pas. L'attention exagérée et parfois malencontreuse de l'Église catholique sur les domaines éthiques relatifs à la vie affective et sexuelle a éloigné des fidèles, tant au plan des idées que dans la fréquentation de la pratique dominicale.

Rappelons-nous les défenses moralisantes et rigides concernant la contraception, même pour des situations évidentes de grave difficulté conjugale ou familiale. Ou encore tout le rejet, qui persiste parfois, envers les personnes homosexuelles ou les divorcés remariés.

Pour notre plus grand joie, le pape François a ouvert des portes sur ces sujets et il centre ses interventions sur des valeurs plus consistantes, telles l'accueil des émigrés, l'écologie, la relation au Christ.

Certes, l'ensemble du contenu de la foi n'est évident pour personne, dans aucune religion, même si tous déclarent se référer au même Dieu avec cependant des accents différents !

Ce constat n'est pas nouveau. Il est sage de l'entendre de temps en temps, comme dans le témoignage suivant d'un ami prêtre engagé :

"Lorsque je parle de Dieu ou bien que j'entends d'autres en parler, ce n'est pas évident de savoir exactement ce que chacun met derrière ce mot 'Dieu'.

Beaucoup d'expressions dans nos discours et même dans nos textes liturgiques me parraissent être des caricatures de Dieu et provoquent probablememt chez plus d'un une dose d'athéisme : "Dieu éternel et tout puissant, Dieu qui fait pousser les plantes, Dieu qui intervient dans notre monde et dans nos vies, Dieu qui résoud nos problèmes personnels ou sociétaux, Dieu qui exauce totes nos demandes, etc ... "

Lorsque quelqu'un, se disant athée, m'explicite son athéisme - ce qu'il ne croit pas - je me perçois presque toujours autant athée que lui !

Cependant, d'après Jean (14, 9), Jésus aurait dit à ses disciples : 'Celui qui m'a vu a vu le Père'. C'est donc en le regardant lui, Jésus, que ses disciples pouvaient se faire une certaine idée de Dieu auquel Jésus a choisi de donner le nom de 'Père' ! Il aurait pu l'appeler 'Mère' ou 'Amour'. Il fallait bien qu'il trouve un mot pour désigner Celui qui l'a envoyé, Celui qui demeure en Lui et en qui Il demeure ... !"

Au coeur de ce texte intéressant se trouve l'appel à quitter des représentations, des images de Dieu, héritées du passé, et des pratiques, comme celles appelées "rogations" qui invitaient les fidèles à parourir les champs en priant pour obtenir de bonnes récoltes.

Répétons-le encore : Dieu s'est engagé, non pas à intervenir dans le déroulement de nos vies, mais bien dans nos coeurs en nous proposant son Bon Esprit.

Quelle place pour le doute ?

Douter ne signifie pas mettre en cause radicalement la spiritualité adoptée. C'est plutôt un bon signe : tout n'est pas clair, on désire en savoir plus, sans pour autant abandonner de ses convictions principales.

Beaucoup de chrétiens qui veulent aller plus loin dans leur relation à Dieu font partie de groupes où l'on réfléchit, où l'on échange pour ensemble préciser davantage et les doctrines et les cheminements. D'autres que les chrétiens pratiquent aussi ce genre de recherche par "ateliers".

Admirons comment le doute a été traité par Jésus, le Christ,[23] dans un récit qui suit sa mort et sa résurrection :

> *"Thomas, l'un des douze, n'était pas avec eux (les apôtres) lorsque Jésus vint.*
> *Les autres disciples lui dirent donc : 'Nous avons vu le Seigneur'. Mais il leur dit : 'Si je ne vois dans ses mains la marque des clous, et si je ne mets pas mon doigt dans la marque des clous, et si je ne mets ma main dans son côté, je ne croirai point'.*
> *Huit jours après, les disciples de Jésus étaient de nouveau dans la maison, et Thomas se trouvait avec eux. Jésus vint, les portes étant fermées, se présenta au milieu d'eux, et dit: 'La paix soit avec vous!'*
> *Puis il dit à Thomas : 'Avance ici ton doigt, et regarde mes mains ; avance aussi ta main, et mets-la dans mon côté ; et ne sois pas incrédule, mais crois'. Thomas lui répondit : 'Mon Seigneur et mon Dieu!' Jésus lui dit : 'Parce que tu m'as vu, tu as cru. Heureux ceux qui n'ont pas vu, et qui ont cru !'*[24]

Thomas souhaitait croire, mais demandait légitimement des preuves, alors qu'il aurait pu se fier aux dires de ses amis. Jésus lui en fit la remarque.

---

[23] Le terme »Christ » désigne une personne consacrée par une onction divine, c'est-à-dire un Envoyé de Dieu que l'on peut aussi qualifier de Messie. C'est le Sauveur en qui les juifs mettaient leur espérance et que, selon leur religion, ils attendent encore.

[24] Jean 20, 21-29.

Saint Jean a peut-être rédigé ce texte en pensant à tous les chrétiens de sa communauté dont la plupart n'avaient pas vu Jésus non plus. S'appuyer sur la foi de ceux qui nous précèdent fait partie d'un choix raisonnable et libre pour les chrétiens, comme pour d'autres croyants. Car douter en vérité, c'est chercher honnêtement à voir plus clair.

Cette foi, à travers l'invisible, cette confiance sans avoir vu, Jésus l'a qualifiée de "bienheureuse".

Admirons encore ce Thomas, qui nous est si proche et qui, finalement, sans toucher Jésus comme il avait affirmé vouloir le faire, tombe à genoux en proclamant sa foi. Un croyant sincère qui peut nous inspirer.

Quitter l'indécision

Suite à cette deuxième partie, les deux prochaines présentent successivement la spiritualité de la non croyance, puis la foi chrétienne.

Le lecteur sait déjà sans doute laquelle de ces deux directions spirituelles retient son regard... Il a pu lire qu'une part d'incroyance, même minime, habitait l'esprit des croyants.

Aussi est-ce le moment pour lui d'entendre la question qui sous-tend le titre de cet ouvrage :

"Êtes-vous un peu ou beaucoup <u>incroyant</u> ?"

Question qui à ce stade équivaut à celle-ci :

"Êtes-vous un peu ou beaucoup <u>croyant</u> ?"

Le projet de cet ouvrage n'a rien du prosélytisme qui veut montrer à d'autres que leurs convictions ne sont pas les meilleures. Non, trois autres enjeux importants ont motivé la rédaction de ces lignes.

Le premier est de réaliser par écrit une rencontre entre deux grandes spiritualités. Pour le chrétien que je suis, c'est une manière de montrer mon respect et mon amitié pour les nombreux non croyants que je fréquente volontiers, parfois avec la grande joie d'échanger, de vive voix, sur nos convictions respectives.

L'autre enjeu consiste à présenter objectivement ce qu'offrent ces deux spiritualités. D'où la nécessité de donner la parole aux divers acteurs concernés.

Reste un troisième enjeu : celui du lecteur qui, à la lumière de cet écrit, gagnera à revoir ses positions, à les ajuster, à les nuancer, dans une meilleure connaissance des différences.

De quoi finalement nous humaniser davantage.

* * * *

Troisième partie

La non croyance : certitudes, variété

L'espoir des hommes, c'est leur raison de vivre et de mourir.

André Malraux

Au fond, il n'y a qu'un seul chrétien.
Et il est mort sur la croix.

Friedrich Nietzsche

Chapitre 7

L'agnosticisme

Selon son étymologie, le terme agnosticisme signifie une ignorance, en l'occurrence par rapport à l'existence d'une divinité.

Ceux et celles qui se rallient, plus ou moins, à cette appellation ne professent cependant pas les mêmes idées sur dieu.

Certains l'évoquent de façon assez vague, tandis que d'autres affirment ne vraiment pas savoir si un dieu existe, en développant des explications cohérentes.

Toutefois, ils ne se disent pas athées, car pour eux la négation d'un dieu est aussi incertaine que l'affirmation de son existence.

Allons à leur rencontre.

Agnostique "par défaut"

Dans le va-et-vient qui caractérise les spiritualités en Occident, bon nombre n'ont plus de repères ou ne prennent pas la peine ou le temps de penser à des enjeux spirituels, tant que la vie ne les accule pas à se positionner. Les principales questions de sens comme le réchauffement climatique, la souffrance, la mort, le sort final de chacun ne retiennent pas leur attention.

Ils vivent au jour le jour, emportés par le quotidien, les choix sociaux et politiques du moment ou de leur milieu. Seuls des événements personnels importants, en général douloureux, comme le décès d'un proche ou une pénible rupture d'amour, les poussent parfois à s'interroger sérieusement sur les trames du destin humain.

À la question posée parfois par un ami : *"Es-tu croyant",* leur réponse habituelle reste floue : *"Je ne sais pas"*, ou encore sans trop de conviction : *"Je ne pense pas"*.

Sous une apparence désinvolte, naturelle ou empruntée, ils poursuivent leur chemin selon quelques valeurs essentielles et des repères communs pour s'insérer dans la société : famille, travail, santé, détente. Guidés par l'expérience humaine habituelle, ils tracent leur parcours selon une compréhension du monde et de l'existence qu'ils peaufinent petit à petit tout au long des jours.

Qui pourrait leur donner tort s'ils réalisent ainsi leur bonheur ?

Plutôt agnostique, par choix.

Par contre, il existe des personnes proches d'un agnosticisme plus critique et plus exigeant qui ont réfléchi à leur positionnement spirituel.

Tout en restant ouverts à la recherche sur un dieu ou une religion. Ils ne s'enferment pas dans des convictions rigoureuses et définitives. Un état d'esprit qui suppose souplesse et ouverture.

Chez eux, l'absence de foi religieuse ne signifie donc pas du tout un manque d'intérêt pour le monde invisible. Ils constatent n'avoir aucune certitude, aucune preuve de l'existence d'un dieu quelconque ou de son contraire. Ils n'adhèrent pas ou plus du tout à une religion et manifestent d'ailleurs contre cet engagement l'un ou l'autre reproche, dont le dogmatisme, le cléricalisme. Parfois avec aigreur.

Ils ne se veulent ni pour ni contre le domaine religieux et demeurent ouverts à l'inattendu : *"On ne sait jamais, on verra !"*

Plusieurs ont réellement fait le tour de la question divine, leurs solutions s'apparentent parfois au "New age", une sorte de syncrétisme spirituel où se mélangent des vérités diverses qui expriment habituellement une distance envers toute révélation religieuse.

Proche de ce courant, sans être vraiment un agnostique, voici le témoignage intéressant de Jean-Marie, lors d'une réunion sur des questions de sens :

"Pour moi, Dieu est partout, dans la moindre parcelle de ce vaste monde.

Tout notre univers et notre existence sont le fruit d'une évolution remarquable, d'une organisation exceptionnelle, d'une intelligence suprême.

Impossible d'attribuer cet ordre au hasard qui n'aurait eu qu'une chance extrêmement minime de concevoir et de maintenir cette ordonnance."

Concevoir un dieu assimilé à toute la réalité porte le nom de "panthéisme". Mais ce que définit Jean-Marie ne se réduit pas à cette simple explication, car il évoque une intelligence suprême. Ne serait-ce pas l'ombre ou l'affirmation d'un créateur personnalisé ?

Un participant lui a demandé s'il connaissait Jésus, sa réponse a fusé :

"Bien sûr, c'est une personnalité exceptionnelle que dans une des loges (maçonniques) que je fréquente, nous avons étudiée durant des mois. Sa vie et son message ont modifié le cours de l'histoire."

Un participant chrétien lui a aussi demandé ce qu'il pensait de la résurrection du Christ, Jean-Marie a répondu brièvement et gentiment :

"Je ne l'admets pas, je reste sceptique à propos de cet événement."

La réunion s'est poursuivie sur les valeurs importantes, comme développé ci-dessous. Celles de la Franc-maçonnerie méritent d'être mieux connues, entre autres son projet d'un vivre-ensemble permanent de qualité.

L'enjeu d'une révélation

Avec le témoignage précédent, on enregistre une modalité capitale qui différencie clairement incroyants et croyants. À savoir la présence d'une révélation, c'est-à-dire la référence à un message, à une personne venant d'En-Haut, du Ciel, de Dieu.

Ainsi pour Jean-Marie, la personne historique de Jésus, humainement digne de tous les éloges, n'est pas divine, ce qu'indique réellement la résurrection de Jésus. Comme le christianisme, les deux autres religions monothéistes sont également fondées sur une intervention divine, soit avec Abraham pour le judaïsme, soit avec Mahomet chez les musulmans.

À la question *"qui est Dieu ?"*, seule une réponse valable ne peut venir que de lui, que de son initiative. Ajoutons même que si un dieu existe, il est le seul capable de révéler et d'expliquer sa nature et qui nous sommes pour lui.

Cette intervention divine s'est concrétisée dans des relations avec lui, des prières, des célébrations, des doctrines, bref dans les principales religions.

Celles-ci sont cependant nombreuses et peuvent laisser perplexe celui qui voudrait en faire le tour pour découvrir quelle est la meilleure, ce que tout croyant pense à propos de la sienne.

Dans ce dédale passionnant, il est important de s'informer correctement[25]. L'essentiel, dans une recherche, n'est pas de penser qu'on a besoin ou non d'un dieu pour vivre, mais de s'informer pour vérifier si la divinité supérieure a pris l'initiative, *inattendue*, de nous rejoindre. Davantage encore est-il nécessaire de vérifier surtout si son contenu nous humanise, nous rend meilleurs et plus heureux. En un mot si l'amour est au coeur de la divinité, de ses invitations et de son souci d'un bien vivre fraternel entre nous, sans exclusion.

Actuellement, concernant la question d'un dieu, les générations plus jeunes ne manifestent plus ou beaucoup moins que leurs aînés une agressivité, du rejet, ou la justification d'un athéisme devenu courant à leurs yeux. Ils n'ont certainement pas subi, comme les plus anciens, les obligations imposées par des religions. *"La messe que je devais subir à l'internat tous les matins m'a tellement pesé que j'en suis devenu agnostique"*.

Terminé, ce genre d'éducation qui ne favorisait évidemment pas l'éveil d'une vraie relation avec Dieu.

De la joie de vivre, ces jeunes en trouvent ailleurs : les rassemblements musicaux et les concerts, les courants de pensées orientaux proches du bouddhisme, l'audiovisuel et les offres nombreuses de communication avec les amis. Mais aussi, dans une optique spirituelle, un séjour à Taizé et les rassemblements des JMJ, Journées Mondiales de la Jeunesse, l'engagement écologique, des services humanitaires...

Jusqu'à quel point les sollicitations modernes, religieuses ou non, sont-elles porteuses de vitalité durable, c'est une autre question ! L'espace est ouvert et l'avenir montrera si des valeurs prometteuses habitent valablement ces activités et engagements.

Une petite anecdote personnelle pour illustrer cette recherche. Maurice, à peine croyant, une connaissance commune à qui un ami avait demandé s'il ressentait parfois un doute sur ses convictions, lui avait répondu de façon un peu crispée : "Pas du tout", comme s'il voulait se préserver et défendre sa position. *"Et toi ?"* a-t-il aimablement rétorqué. Et l'ami, tout comme moi, avons simplement exposé cette petite part d'incroyance en nous qui nous interroge encore de temps en temps : des moments d'incertitude face à un Dieu absent du regard, et quelques interrogations, par exemple sur les récits de miracles actuels, la longévité

[25] Un des meilleurs guides s'appelle Frédéric Lenoir dont les travaux et publications comme sociologue, historien et philosophe sont parmi les plus appréciés.

d'apparitions de Marie, la personnalisation du diable, le déroulement de la vie dans l'au-delà... Le doute n'est-il pas signe d'une saine recherche !

Côtoyer l'agnosticisme est fréquent pour les prêtres, pasteurs et diacres, en préparant des célébrations de mariages de couples homme/femme ou les prières d'unions homosexuelles. Dans ces accompagnements, il est habituel que chaque partenaire parle de sa vision spirituelle, voire religieuse. Ces conversations très enrichissantes contiennent une large palette d'opinions qui invitent à un grand respect des spiritualités. S'y expriment des *valeurs* et aussi l'approche d'une foi, plus ou moins vivante, avec souvent des questionnements multiples. Heureuse occasion d'aller plus loin.

Nos sociétés occidentales sont d'ordinaire plutôt tolérantes pour faciliter la liberté philosophique ou religieuse. Mais il faut cependant rester vigilant, car des raideurs se pointent çà et là. Ainsi des violences verbales, politiques ou physiques totalement irrespectueuses des lois, des personnes ou du bien commun. Les attentats djihadistes en sont la douloureuse et triste illustration.

Où se situe la Franc-maçonnerie ?

Le témoignage précédent a fait allusion à la Franc-maçonnerie, de quoi s'agit-il ? Beaucoup en ont entendu parler, parfois avec des idées simplistes.

Suivant les pays, les réponses diffèrent réellement, également à l'intérieur de chaque nation et même au sein de chaque loge. Il y a ainsi un large éventail de tendances et de participants. Cependant, des constantes demeurent dans cette société très bien organisée.

Pour plusieurs personnes, parler d'incroyance équivaut à s'interroger sur la Franc-maçonnerie réputée, à tort ou à raison, pour ses positions parfois opposées aux croyances. Bien plus, dit-on, tous ses membres devraient faire allégeance à l'athéisme ! Erreur évidente démentie par de nombreux maçons, même si, selon les contrées, diverses loges sont spécialement ouvertes à des croyants alors que d'autres y sont nettement réticentes.

À l'instar de l'Église catholique dont elle refuse l'autorité, la Franc-maçonnerie est en marche. Ainsi, dans plusieurs régions du globe et en tenant compte des spécificités locales, elle se dévoile de plus en plus publiquement. D'où l'intérêt de faire davantage connaissance.

Le texte qui suit résulte d'une interview mené avec un maçon "responsable" qui, après relecture, l'a agréé moyennent quelques retouches intéressantes.

"Une question initiale demeure chez le commun des mortels : la Franc-maçonnerie serait-elle devenue par principe éloignée de toute religion et favorable à la non croyance ?

Les maçons expliquent eux-mêmes qu'il n'en est rien et que des chrétiens pratiquants font partie de ses rangs et fréquentent leurs ateliers, c'est-à-dire les loges.

Entre eux, connaître qui est croyant ou non ne pose pas de problème. Par ailleurs, parler d'un membre de leur association reste un grand secret qu'ils s'engagent à observer : ne jamais dévoiler le nom d'un compagnon. Une discrétion est aussi de rigueur sur leurs débats.

L'époque des grandes tensions entre le Vatican et les Francs-maçons semble révolue. Plus question à l'heure actuelle d'une excommunication comme ce fut le cas en 1917 par le canon 2335 du code de droit canonique. Du reste, qui s'en souvient encore ?

Progressivement, des notions comme celle du Grand Architecte de l'Univers (en l'occurrence un dieu créateur) ou la présence du Grand Livre, la Bible, ont été admises dans leurs réunions, du moins chez un bon nombre, en fonction d'une attention fraternelle aux mentalités nationales et aux traditions locales. Liberté, par ailleurs, pour un maçon de décliner publiquement cette appartenance.

Un réel esprit d'ouverture permet aujourd'hui davantage de rencontres, d'échanges, d'amitiés avec d'autres. Progrès également pour des invitations de part et d'autre afin d'expliquer qui on est en s'enrichissant des réflexions réciproques.

Un idéal d'entente universelle habite d'ailleurs les maçons comme beaucoup de croyants. Parmi les trois valeurs qui leur sont familières, semblables pour eux à une loi : Égalité, Liberté, Fraternité, cette dernière occupe une place privilégiée pour le vivre ensemble.

Le respect de toute personne, dans un esprit *d'égalité*, conditionne aussi leur vie sociale. Et quand on réfléchit aux dimensions philosophiques et religieuses, la valeur "*liberté*" émane comme un phare qui éclaire fortement tous les engagements et les échanges : liberté totale de jugement, de choix spirituel. Sans pour autant prôner le laxisme ou le libertinage.

Leur liberté absolue de croire ou de ne pas croire va jusqu'à permettre des repères religieux à l'occasion de leurs promesses, soit *ouvrir* sur un livre qui peut être religieux, comme la Bible ou le Coran.

Le mot d'ordre spirituel de l'organisation est évident : *Crois à ce que tu veux et laisse les autres faire de même.* Toute croyance doit toutefois rester intime. Un franc-maçon peut donc être chrétien pratiquant, mais il doit toujours s'abstenir de toute propagande dans son atelier et parmi ses Frères."

Après cette présentation, quelques réflexions succinctes.

Leur tolérance actuelle est un retour aux sources. En effet, l'anticléricalisme agressif, et parfois virulent dans la passé, chez une partie d'entre eux, contredit les directives de leurs fondateurs qui avaient proclamé que le domaine religieux n'était pas du ressort des loges. Autrement dit, qu'elles n'avaient pas à mener un combat contre l'Église, comme telle, même si des positions ecclésiales injustifiées à leurs yeux pouvaient faire l'objet de débats, voire de combats intellectuels.

Comme telle, la Franc-maçonnerie ne s'investit pas dans le monde politique, mais rien n'empêche des maçons de s'y engager personnellement et donc d'adhérer à des partis politiques. De ce fait, ils portent sur le terrain public des idées réfléchies en atelier.

Pour le commun des gens, ces liens subtils entre les loges et la gouvernance d'un pays restent flous, même si des influences transpirent de temps en temps.

Entre les religions et la Franc-maçonnerie dans son ensemble, il reste évident que des différences essentielles demeurent mais, heureusement pour leurs membres respectifs, elles ne constituent plus une barrière, sauf chez quelques extrémistes dans les deux camps, et il y en aura toujours !

* * * *

Chapitre 8

À la rencontre de l'athéisme

Si l'agnostique reste plutôt en interrogation devant le divin, l'athée convaincu prend davantage position en se tenant à l'écart de tout divin ou de toute "déité", selon le choix des mots.

Comme déjà dit, notre but est de favoriser la rencontre et donc la connaissance entre incroyants et croyants. D'où l'importance des témoignages que nos avons sollicités.

Pas question pour nous dans cet ouvrage de polémiquer, surtout lorsqu'il s'agit de témoignages qui sont l'expression d'une pensée personnelle élaborée.

Nous en remercions encore leurs auteurs.

Une vie équilibrée sans "déité"

À l'inverse d'une quelconque révélation, des non croyants convaincus ont l'habitude de considérer le mot "dieu" vide de tout contenu. Ils ne se réfèrent en rien à un dieu.

Le premier témoin, Thibaud, a accepté d'expliquer son vécu et sa position. Ce récit assez ample constitue un ensemble cohérent et attrayant.

"Je suis issu d'une famille 'mixte' en termes de religiosité : père laïque (au sens de qui est indépendant de toute confession religieuse), mère catholique non pratiquante ou si peu...

Compromis familial oblige, cours de morale jusqu'en 4ème primaire, puis cours de religion catholique pour préparer la communion dite solennelle.

Compromis individuel résultant, toujours est-il que je n'ai jamais pu m'inscrire dans une religiosité définie, telle que la religion catholique, mais que, par contre, je revendique une spiritualité profonde ; c'est-à-dire, selon la définition qu'en donne le dictionnaire Larousse : 'Qualité de ce qui est esprit, de ce qui est dégagé de toute matérialité : la spiritualité de l'âme, de la poésie.'

Dans la continuité de cette définition, je ne peux pas concevoir un dieu révélé, mais je ne peux pas non plus concevoir l'homme comme 'un amas d'atomes ou de molécules organisé' comme pourrait le faire un matérialiste pur et dur.

Mon travail de psychothérapeute s'inscrit dans la même perspective : aider l'être humain à trouver sa voie dans un monde complexe, sans référence à une quelconque déité, mais en s'appuyant sur la capacité présente en tout être humain à se transcender, à se dépasser, à dépasser ses problèmes, à dépasser sa matérialité, dans une recherche de lumière, qui fait de nous un Homme au sens plein du terme.

Ceci demande beaucoup d'écoute, une absence de jugement, et surtout beaucoup d'amour... Parfois, on me prend pour un Témoin de Jéhovah !"

Laissant de côté l'allusion aux fidèles d'une secte connue, nous épinglons l'importance de l'amour développée par Thibaud, signe d'un engagement tourné vers l'essentiel des relations humaines, dont nous reparlerons.

Notons également que, comme la plupart des gens qui prennent distance avec un dieu, il tient à souligner que ses choix relèvent d'une réelle *spiritualité* réfléchie.

Pour les croyants il est très utile d'entendre la voix des athées qui ont des vérités à leur dire. Dans cet esprit, voici le témoignage de Carine, envoyé, à notre demande, par une de ses amies. Il s'agit aussi d'un texte bien élaboré expliquant les étapes qui l'ont naturellement conduite vers une spiritualité d'incroyance.

"Je suis athée... J'ai eu une éducation catholique. Peu pratiquante. Mais voilà, on se dit catholique, car on est né dedans.

Le déclic commence quand j'ai vu ma mère prier un Saint... pour retrouver quelque chose. Selon moi, c'est une perte de temps, mieux vaut continuer à chercher. Comment un "saint" pourrait nous aider ? Absurde.

À 18 ans, je commence des études scientifiques universitaires. 5 années où tout a changé. On grandit, on fait des rencontres. Et surtout, je suis scientifique. On étudie le corps humain, la reproduction, la mort. Nous sommes un amas cellulaire. On meurt et c'est fini. Pas d'au-delà. Soyons cartésiens.

La maturité est là pour se renseigner sur les religions. L'histoire des croisades. Et avec ces dernières années djihadistes, je lis sur la religion musulmane. Je n'y vois que de la manipulation, faire peur pour rassembler, l'envie de conquérir, développer un nouveau courant quitte à se faire mal et faire mal à autrui. Mais où est le respect de soi et de l'autre ?

Si on ne pratique pas la bonne religion, on est chassé. Cela se passait hier, et ça recommence.

J'avoue ne pas comprendre pourquoi on tombe dans le piège de la croyance.

Puissance qui nous dompte. Pourquoi ne pas ouvrir les yeux ? On a un accès à l'information tellement aisé. La science nous a appris tellement de choses. Il faut arrêter de croire aux fantômes. Pourquoi ne pas se rassembler pour autre chose que les religions ?

J'observe qu'on se rassemble pour autre chose. Par exemple le climat, la cause animale. L'humain a besoin de se rassembler.

En Malaisie, il y a une police de la religion musulmane. Ils traquent toutes les fautes commises par les croyants. Ils transforment la vie des citoyens. Il y a de la violence. De la peur.

Où est le respect des choix de chacun, où est l'amour?

J'observe un mélange de politique et de religion. Et parfois la religion prend le pas. Retour en arrière ?

Je suis athée. Et je me sens bien. Je ne pense pas qu'il faille un dieu au dessus de sa tête pour avancer. Il faut avoir confiance en soi. Avoir la famille. Les amis. L'écoute. Le plaisir de vivre. Savoir rire. Être heureux de ce que l'on a, de ce que l'on vit. Pas besoin de dieu. De Jésus. De Marie."

En lisant ce texte de Carine, chacun peut ressentir plusieurs connivences avec ses remarques : nécessité de raisonner, importance des sciences, respect des autres, liberté dans la recherche... Et bien évidemment, les croyants seraient heureux de pouvoir dialoguer sur certains points qui leur semblent discutables. Qui sait, ce souhait sera peut-être exaucé un jour!

La franchise de son intervention fait également plaisir, tout autant que son désir, légitime pour tous, de goûter aux sains plaisirs de l'existence.

"Le matérialisme pur et dur» ?

Cette expression est extraite du discours de Thibaud lorsqu'il évoque un concept athée très limité. Ce matérialisme existe-il souvent ?

Rares sont les idéologues qui se manifestent ainsi, surtout si le matérialisme est défini comme le seul souci d'une vie matérielle à son avantage, sans aucune attention à l'autre.

La conscience humaine refuse habituellement pareil engagement égoïste. Même chez ceux qui ne cherchent que leur seul plaisir au détriment des autres, de leurs proches et de leurs amis !

Ne s'agit-il pas alors de malades mentaux ou de profiteurs vraiment déshumanisés ? Malheureusement, quelques-uns en sont là, dans une espèce de survie affective ou physique, rare, réelle et destructrice !

Le matérialisme idéologique prôné dans l'ancienne Union soviétique reposait sur des visées collectives qui se voulaient solidaires des plus pauvres, refusant par ailleurs toute religion considérée comme néfaste pour tous, "*opium du peuple*", selon Karl Marx.

Un tel communisme réclamait des dirigeants désintéressés et sans ambition personnelle. On les cherche encore !

En-dehors du champ politique et social, un matérialisme, ni pur ni dur, dont se réclament certains, peut simplement viser un bien-être matériel personnel et communautaire. Un objectif très valable qui se combine facilement avec la négation de toute référence à une divinité.

De nombreux citoyens vivent dans un tel matérialisme concret sans aucune réflexion spécifique. D'autres, désireux d'en faire une doctrine stable, l'ont instituée en référence qu'ils aimeraient assimiler à une religion, à un culte, ce qui n'est pas évident.

Le matérialisme est qualifié de "pur" quand il se prend pour la grande et seule vérité sociale. Et on sait que cette doctrine devient vraiment "dure" quand elle s'accouple à des méthodes rudes d'élimination des opposants. On sent pointer alors la tyrannie et le despotisme qui sévissent encore çà et là !

Heureux ceux qui bénéficient de démocraties qui, en général, se veulent et deviennent plutôt positives.

* * * * * *

Chapitre 9

Déploiements de l'incroyance

Le mot "incroyance" fait allusion à des personnes, à des cheminements, à des activités, à des organisations. Un vaste réseau dont la description pourrait remplir plusieurs livres.

Nous avons retenu quelques thèmes, sachant très bien que ce choix serait inévitablement limité.

Pour compléter ces réflexions, chacun et chacune peut d'ailleurs envoyer ses suggestions à l'auteur qui en serait ravi.

Les célébrations laïques

Ces activités nommées en premier lieu le sont à juste titre, parce qu'elles offrent un temps précieux de recueillement et de vie communautaire dont toute personne a besoin, quelle que soit son orientation profonde.

Dans plusieurs pays occidentaux, les membres d'une spiritualité incroyante ont instauré, par exemple sous le nom de "laïcité organisée"[26], des célébrations qui, à l'instar des très anciennes cérémonies chrétiennes, permettent de fêter les principaux événements de l'existence.

Ainsi s'effectue, souvent pour des bébés, un "parrainage laïque", cérémonie d'accueil d'un enfant dans la cité. Tandis qu'à l'adolescence garçons et filles sont invités à exprimer leurs convictions philosophiques lors de "la fête de la jeunesse laïque". À cette occasion, les jeunes professent leurs valeurs de vie dans un rite festif communautaire avec leurs familles et amis. Ce rite marque le passage de l'enfant (souvent à la fin des primaires) à l'adolescence.
D'autres célébrations spirituelles accompagnent les mariages et les décès. Toutes ces activités sont bien suivies par les Centres d'action laïque qui sont également des lieux de documentation. Voici un récit d'une de ces célébrations :

> *"Le mariage laïque que mes enfants ont choisi s'inscrit dans cette logique : mariés officiellement devant la loi en présence de la famille proche et de leurs témoins, ils souhaitaient personnaliser leur engagement mutuel et surtout le partager avec tous les amis et la famille, dans une ambiance festive. Ils ont opté pour une cérémonie unique, construite avec eux, sur mesure, pendant laquelle on a retracé leur histoire, mettant en évidence leurs différences, qualités et défauts et néanmoins leur entente parfaite et leur intention de passer leur vie ensemble. Ils ont choisi les intervenants parmi les amis et la famille et les ont chargés de cette mission, en leur laissant toute liberté d'expression (piano, discours,...) sous la coordination du Centre laïque".*

[26] Cette organisation est présente, telle quelle, surtout en Belgique. L'équivalent français serait les associations rationalistes ou de libres-penseurs.

Le sacré : croyance ou incroyance ?

Le sacré est parfois confondu avec les incroyances ou avec leur contraire ! Consultez Google et lisez à ce sujet une centaine de pages d'informations.

Contentons-nous ici de le ramener au domaine spirituel qui touche le cœur humain et réclame un profond respect. Ainsi les liens du mariage sont-ils dits sacrés.

Pour régir l'espace vital considéré comme sacré, les humains ont initié des rites et des manifestations reconnus par tous, qui offrent un contenu de valeur, parle à l'esprit et interpelle la volonté.

En ce sens, les rites laïques ou religieux font partie d'un certain domaine sacré.

Mais le sacré est aussi lié aux profondeurs de l'affectivité humaine, comme à ses angoisses. Une amitié solide, c'est sacré. Ou encore les peurs émouvantes de nos ancêtres face aux forces terrifiantes de la nature étaient considérées comme sacrées, voire comme émanant de la sphère céleste des dieux !

Confondre alors le sacré et le religieux serait illogique. Le sacré reste profane et la foi des croyants est liée à une relation avec une révélation divine. Ce qui n'a pas empêché des humains de sacraliser le domaine religieux, c'est-à-dire d'habiller la religion d'une auréole qui lui est étrangère, voire du contraire. Ainsi la pandémie covid-19 a-t-elle été présentée erronément comme une punition divine !

Pour éviter toute confusion, une vraie religion doit rester modeste, ne pas se mettre au centre de la vie publique ou politique, mais agir au service de l'homme, surtout s'il est blessé.

Les non croyants sont sur la même longueur d'ondes. Dans une telle perspective, ils se disent à l'aise pour s'unir aux croyants.

Un anticléricalisme à comprendre

Bon nombre de croyants se posent cette délicate question: *"D'où provient l'agressivité manifestée parfois par des personnes incroyantes contre la sphère religieuse et particulièrement envers l'Église catholique ?"*

Notons, au passage, que l'Islam est aussi ciblé suite aux attentats dévastateurs, mais également suite à des projets d'une implantation parfois envahissante. Ainsi en est-il de cette tenue, la burka, qui cache le visage et peut troubler l'ordre public. Un vêtement contesté tout autant par des musulmans n'y voyant aucun lien avec le Coran.

Qui parle d'anticléricalisme ?

Tout d'abord des croyants qui évoquent une évidente animosité, cependant de plus en plus rare, de la part d'incroyants. S'y ajoutent des chrétiens insatisfaits du fonctionnement ou des positions de l'Église.

Par contre, d'autres personnes incroyantes défendent volontiers une légitime réaction contre des actes et des pensées regrettables, voire néfastes de la part de croyants. D'autres s'en prennent au fait religieux lui-même, ce qui s'avère beaucoup moins légitime. Une attitude qui sans fondement acceptable se révèle "par principe" anticléricale.

Une relative incompréhension et une distanciation peuvent parfois troubler les relations ; il est donc sage d'identifier les griefs habituels et d'y faire écho. Tâche délicate quand on souhaite rester aussi objectif que possible, dans l'amitié réciproque au-delà des différences.

Sans remonter aux graves erreurs chrétiennes du passé, comme l'inquisition, on peut identifier aujourd'hui deux raisons citées habituellement dans les propos anticléricaux : le dogmatisme ecclésial chrétien et son cléricalisme.

Le dogmatisme ?

Cette objection correspond à une perception contraignante pour l'intelligence qui ne serait pas respectée dans sa liberté de penser. Un enjeu capital pour de nombreux agnostiques ou athées.

Pour les chrétiens, que représentent ces dogmes ? Ils les considèrent et les acceptent comme des repères indispensables pour guider leur réflexion et leur cheminement.

En effet, les dogmes ne sont pas le résultat d'élucubrations fantaisistes, mais au contraire ils expriment des vérités déjà contenues dans le donné révélé, spécialement le nouveau testament, réfléchi et prié au cours des siècles, mis en pratique déjà par les premiers disciples de Jésus.

Finalement, l'adhésion à ces dogmes repose essentiellement sur la foi *librement* consentie en la divinité de Jésus de Nazareth. Une relation à Dieu qui ne s'impose pas *rationnellement*, mais qui n'en demeure pas moins *raisonnable*, une fois admise la divinité du Christ.

L'ensemble de ces dogmes, peu nombreux, ne constitue en rien un carcan qui brimerait les consciences et diminuerait l'amour mutuel.

Par ailleurs, la formulation de ces vérités fondamentales a été rédigée dans des contextes culturels différents du nôtre. Ce qui donne à penser que, tout en maintenant le contenu fondamental, le magistère des Églises gagnerait en crédibilité en reformulant leurs énoncés. C'est notamment le cas du dogme concernant le "péché originel".

Le *cléricalisme* ?

Exercé comme une domination excessive du clergé, il est déjà désapprouvé, *dans nos pays*, par les chrétiens adultes et avertis. On comprend aisément que des non chrétiens le mettent en cause et se situent clairement comme « anti » - cléricaux.

Un court extrait de l'excellente interview du Père Paul Tihon par la revue *L'appel* explique bien cette déficience qui appartient plutôt au passé dans des pays où l'État et les religions vivent une saine séparation :

"*Le cléricalisme me semble être une des composantes déterminantes du mauvais fonctionnement de la curie à Rome que le pape a été chargé par le conclave de réformer.*

Il est un système global qui a permis à l'Église de mettre en place des mécanismes qui rendent très difficile l'annonce de l'évangile à la société en changement rapide et mondialisée. Pendant des siècles elle a vécu dans un état politique où elle était la religion dominante."[27]

Pour le plus grand bien de l'Église et du monde, le pape François n'a pas tardé à promouvoir une rénovation en profondeur des divers organes de la curie.

On en constate les premiers résultats. Fini, par exemple, actuellement, pour un évêque opposé à un accueil pastoral ouvert des divorcés ou des homosexuels, d'obtenir de ses amis à Rome de menacer les prêtres concernés d'un retrait de l'exercice du sacerdoce, soit une "suspension a divinis" !

Ce cléricalisme honteux se maintient parfois, mais tend à disparaître dans nos sociétés occidentales. Les oppositions très nettes du monde incroyant à son égard sont également partagées par les chrétiens.

Gérer l'*agressivité*

Cette attitude d'attaque fait évidemment mal à ceux et à celles qui doivent la subir, qu'elle soit produite par un croyant ou un athée.

De la part d'incroyants vis-à-vis des chrétiens, elle est parfois évidente, parfois larvée, mais habite certains esprits, comme une obsession! Elle reste encore d'actualité chez quelques-uns, comme l'auteur d'une opinion journalistique récente à propos du soi-disant regard chrétien sur le covid19, le qualifiant de " fléau de Dieu" !

Sans doute l'agressivité provient-elle d'une souffrance, d'une injustice, d'un abus sexuel, d'une autre cause plus cachée ou tout simplement d'une certaine opposition à tout ?

Quelle qu'en soit l'origine, il est sage d'essayer d'abord de décoder les faits ou les paroles. Ainsi, ceux qui contredisent les positions de l'Église ne cherchent pas d'office à l'attaquer. Ne les qualifions pas automatiquement de *diaboliques* ou de *sataniques* !

Il s'agit là de conceptions négatives où des chrétiens s'enferment et se complaisent alors que l'évangile les invite surtout à l'annonce d'une libération par l'amour divin et à une fraternité généreuse.

Informons-nous pour mieux comprendre. De bonne foi, une grande majorité pensent spontanément autrement que les croyants. Ensuite, si possible, tâchons de rencontrer les auteurs de ces agressions afin d'avancer ensemble vers une meilleure connaissance des propos pour une relation plus humaine, plus respectueuse de part et d'autre.

Le plus réconfortant dans ces situations est de constater que des victimes de l'Église, quand c'est le cas, arrivent à gérer cette hostilité, légitime. Le cas de Louis B. maintenant décédé est à ce sujet exemplaire.

Fils de mineur, Louis, issu d'une famille vaguement croyante se préparait avec joie à la "profession de foi" devenue avec le temps une fête plus profane que religieuse, grâce aux cadeaux, événement important pour tous les jeunes de sa cité. Il devait donc participer souvent à la messe dominicale.

---

[27] Numéro 419, décembre 2019, pp 10-11. Propos recueillis par Paul Franck.

Louis s'y rendait régulièrement, mais, un dimanche, ayant accompagné son père jusqu'à la mine, il est arrivé en retard au culte avec des vêtements de travail un peu sales.

À son entrée dans la petite assemblée, le curé l'a aussitôt publiquement apostrophé en l'enjoignant d'aller se changer.

Tout gêné, Louis a quitté honteux ses camarades et, racontait-il sans aucune animosité : *"Je suis sorti en me disant que jamais plus je ne mettrais les pieds dans une église !"*

On le comprend et sans doute, à sa place, aurions-nous agi de même. En restant d'une grande amabilité avec le clergé (je peux en témoigner), Louis est devenu plus tard franc-maçon. Aux yeux de ceux qui l'ont connu, c'était certes un athée, mais un homme d'une gentillesse exceptionnelle, rendant service à tous, sans aucune exclusion et même sans agressivité envers l'Église.

L'agressivité, comme telle, demeure cependant une réaction saine de défense de sa personne ou de son territoire. Elle constitue une part de nos pulsions fondamentales. Le tout est de bien la gérer pour ne pas blesser autrui.

Face à l'anticléricalisme, un sociologue ou un historien pourrait évoquer les progrès réalisés depuis la nette séparation des pouvoirs entre l'État et l'Église. Celle-ci occupe maintenant une place raisonnable dans nos pays. Dès lors, elle n'est plus considérée comme une société protégée et intouchable, elle mérite le respect comme toute autre bonne organisation. Peut-être même est-ce le contraire, car elle se retrouve très vulnérable quand certains veulent la malmener.

Après ces propos sérieux, une brève anecdote amusante et réconfortante.

Lors d'un repas chez un ami chrétien, Jean-Marc racontait son grand plaisir d'avoir chanté à tue-tête le chant révolutionnaire bien connu : "A bas la calotte...". Ceci à l'occasion d'une excursion en bateau-mouche avec des frères maçons !

Constatant la retenue de l'ami croyant pour rire et même sourire, Jean-Marc s'est gentiment inquiété et l'ami lui a simplement avoué que ce comportement ne le rendait pas spécialement heureux ! Et aussitôt, Jean-Marc a promis que par amitié il ne le ferait jamais plus.

Un bel exemple de tolérance et de délicatesse qui fait progresser les relations.

Oui, un anticléricalisme, parfois héréditaire, se conjugue souvent avec un respect des croyants. Ou, en tout cas, devrait viser cette considération élémentaire. Avec évidemment la réciprocité de la part des croyants chez qui se rencontre aussi des idées toutes faites et injustement négatives envers ceux qui ont opté pour d'autres valeurs spirituelles.

Une conclusion : souhaiter qu'une vraie autonomie "en âme et conscience" ne soit pas seulement une formule, mais l'expression d'une attention libre aux autres différents.

* * * * *

Quatrième partie

Le choix chrétien, source de vie

Et vous, qui dites-vous que je suis ?

Matthieu16, 15

À qui irions-nous ?
Tu as des paroles de vie éternelle.

Jean 6, 68

Chapitre 10

Chrétien, parce que Jésus est vivant

Sans voir nos amis, nous croyons à leur existence, à leur amitié. C'est le résultat d'une confiance en la vie, d'une foi envers ceux qui sont apparus dans nos contacts.

Et davantage encore, sans avoir vu notre arrière-grand-mère, nous croyons à son existence, certes passée, mais en accordant foi aux paroles de notre mère qui en a parlé en citant avec émotion de doux souvenirs.

De cette expérience humaine qui traverse l'invisible, émane une relative parenté avec la démarche de foi en Jésus ressuscité, présent actuellement en ce monde et spécialement par l'Église.

L'événement fondateur

Sur quoi repose finalement le choix chrétien ? À partir de quels faits est-il transmis et vécu ?

Parmi des dizaines de témoignages similaires, en voici un publié il y a 2000 ans dans les "Actes des apôtres"[28] et qui est survenu après la guérison d'un infirme au Temple par les apôtres Pierre et Jean :

> *"Tout le monde vit l'invalide marchant et louant Dieu. Ils reconnaissaient que c'était celui qui était assis à la Belle porte pour demander l'aumône.*
>
> *Pierre, voyant cela, dit au peuple : Hommes Israélites, pourquoi vous étonnez-vous de cela ? Pourquoi avez-vous les regards fixés sur nous, comme si c'était par notre propre puissance ou par notre piété que nous eussions fait marcher cet homme ?*
> *Le Dieu de nos pères a glorifié son serviteur Jésus, que vous avez livré devant Pilate.*
>
> *Vous avez renié le Saint et le Juste, vous avez fait mourir le Prince de la vie, que Dieu a ressuscité des morts ; nous en sommes témoins.*
> *C'est la foi en lui qui a donné à cet homme cette entière guérison, en présence de vous tous."*[29]

Dans ce récit d'une guérison sans doute authentique, Luc souligne à la fois la puissance du Ressuscité et les certitudes des deux disciples.

Il y insère ce qui lui tient le plus à coeur : l'annonce de la résurrection de Jésus.

Son compagnon de ministère, Paul, l'a également souvent proclamé et comme la plupart des apôtres a accepté de signer cette affirmation par sa propre mort. Des martyrs,

---

[28] Cet écrit de saint Luc présente, à la lumière de fa foi au Ressuscité, la vie des premiers chrétiens.

[29] Actes des apôtres 3, 1-15.

comme lui, des vrais qui ne tuent personne en mourant, il y en eu des milliers depuis lors à traves toute l'histoire. Et cela continue !

Sur la résurrection de Jésus, Paul a, par ailleurs, écrit dans une lettre aux habitants de Corinthe :

"Je vous ai enseigné que Christ est mort pour nos péchés, selon les Écritures, qu'il a été enseveli, qu'il est ressuscité le troisième jour et qu'il est apparu à Céphas, puis aux douze. Ensuite, à plus de cinq cents frères à la fois, ... à Jacques, puis à tous les apôtres. Après eux tous, il m'est aussi apparu à moi, comme à l'avorton.[30]

Ces apparitions de Jésus vivant terminent la narration de sa vie. Il s'agit d'un phénomène exceptionnel et déroutant qui mérite qu'on s'y attarde quelque peu.

Résurrection du Seigneur

Résurrection ? Quelqu'un a donc traversé la mort ! Cet événement est l'expérience la plus étonnante de l'histoire spirituelle.

Des hommes ont vu mourir Jésus, puis l'ont revu plus vivant qu'auparavant ! *C'était bien lui*, transfiguré par l'amour du Père. Les disciples ont eu de la peine à le reconnaître, car son passage par la mort et la résurrection a modifié l'inachevé de sa personnalité terrestre.

"La Résurrection n'est pas un miracle qui fait croire, elle est elle-même l'objet de la foi. ... Elle n'est donc pas un fait que j'atteindrais en lui- même ; elle ne m'est accessible qu'à travers la foi pascale des témoins ...Ainsi le mystère de la Résurrection ne peut être réduit à un simple événement du passé, mais il donne sens à la mort de Jésus et débouche sur une présence permanente et rédemptrice."[31]

Elle est un fait réel avec deux facettes. D'une part, une dimension historique repérable : tombeau vide, apparitions et la transformation des apôtres qui ont proclamé la foi...au mépris de leur mort. D'autre part, elle est l'acte même, inaccessible pour nous, par lequel Dieu le Père glorifie Jésus le rendant Seigneur, assis à la droite du Père.

Dieu n'est pas faiseur de miracles pour éblouir mais en nous donnant Jésus comme compagnon, lui qui est mort parce qu'il nous aimait. L'acte du Père ressuscitant son Fils échappe à toute constatation. Aucun évangile ne décrit Jésus en train de ressusciter, mais ils parlent du tombeau vide, signe qui renvoie au mystère, avec ce message :

"Pourquoi chercher parmi le morts celui qui est vivant ?"[32]

---

30 Première épitre de Paul aux Corinthiens 16, 3-8.

31 Xavier Léon-Dufour, *Résurrection de Jésus et message pascal,* Paris, Seuil, 4971, pp.15 et 37.

32 Luc 24, 5.

Apparitions de Jésus

L'expérience des apparitions représentait pour leurs témoins une réalité inexprimable.

Elles attestaient sensiblement la présence du Ressuscité. Jésus n'est plus simplement celui qu'on voyait dans tel endroit. Ressuscité, il est celui "qui se fait voir" : il apparaît et il disparaît à différents lieux parce qu'il est toujours avec nous, même de manière invisible.

La présence du Ressuscité échappe à nos yeux de chair. C'est pourquoi Jésus s'est manifesté visiblement aux premiers témoins. Les récits des apparitions rapportent des faits significatifs transmis dans un enseignement avec un message de mission *: "Comme le Père m'a envoyé, moi aussi je vous envoie."*[33]

Les récits de Luc sont des narrations catéchétiques qui indiquent comment ceux qui n'ont pas vu le Ressuscité peuvent le reconnaître à leur tour, par exemple dans l'eucharistie comme celle vécue par les disciples d'Emmaus.

Naissance de l'Église

Paul et Luc nous rapportent une apparition à Pierre seul[34]. Dans ce témoignage, la foi pascale de Pierre précède celle des Onze ; la foi au Ressuscité est le fondement de l'Église. Dans les autres récits, c'est avec Pierre que les Onze font l'expérience de l'incrédulité, puis de la reconnaissance et de l'envoi en mission.[35]

Les évangiles présentent la foi des apôtres comme un événement qui les a surpris et *s'est imposé à eux, malgré leur incrédulité.* Ainsi quand les femmes leur apportent la nouvelle de la résurrection, ils prennent leurs propos pour des radotages et ils ne les croient pas.[36]

Ces récits d'apparition montrent comment l'Église est née de l'Esprit, sur la confiance envers le Ressuscité et comment elle s'appuie sur la foi collégiale des apôtres.

L'Église s'enracine, en effet, dans la prédication de Jésus. Les disciples sont le noyau autour duquel le Peuple nouveau pourra se rassembler.

Quand le Christ est mort, Dieu a confirmé la mission de son Fils et la foi des disciples par la résurrection de Jésus et par le don de l'Esprit pleinement répandu lors de la Pentecôte.

* * * * *

---

33 Jean 20, 21.
34 1 Corinthiens 15, 5 et Luc 24, 34.
35 Jean 20,19 à 21 19.
36 Luc 24, 11.

Chapitre 11

Croire, une décision personnelle éclairée

Lorsqu'un bébé est baptisé, à la demande de ses parents, ceux-ci s'engagent à guider leur enfant vers la découverte du Seigneur Jésus et de son message.

La fille ou le garçon grandira et, petit à petit, sera mis en contact avec la Bonne Nouvelle chrétienne, avec le Christ, mort et ressuscité, présent parmi nous...

Et un jour, ces jeunes pourront assumer le désir de devenir disciples du Seigneur. C'est-à-dire vivre un cheminement en compagnie d'autres, avec le Vivant.
Celui-ci, sans se mettre au centre envoie vers autrui, pour une meilleure fraternité.

"On ne naît pas chrétien, on le devient"

Cette réflexion célèbre a été prononcée au quatrième siècle à Carthage par l'évêque Tertullien. Une déclaration qui met l'accent sur le cheminement spirituel tout en soulignant la détermination d'un tel choix.

Plus que jamais, cette affirmation est d'actualité. En effet, le contexte chrétien est totalement modifié depuis un bon demi-siècle, lorsque devenir chrétien s'inscrivait dans un climat et une culturel propices. Dès la naissance, un bébé était baptisé. Et on peut ajouter : le plus tôt possible, car certaines théories menaçaient les non baptisés d'être provisoirement privés du paradis ! Même les nouveau-nés innocents, à qui cependant était destiné un séjour heureux, "les Limbes".

Cette époque est bel et bien révolue. Actuellement, les demandes de baptême ont diminué en quantité, mais ont gagné en qualité.

Dès lors, quand devient-on vraiment chrétien?

Parfaitement jamais, car il s'agit d'un double parcours toujours perfectible, à la fois dans une relation avec Dieu et dans la mise en pratique de l'Évangile. Mais, malgré nos imperfections, l'amitié avec Dieu et l'amabilité à l'égard des autres progressent chaque jour.

Néanmoins, devenir chrétien signifie aussi une appartenance repérable par le baptême. Celui-ci est toujours lié à l'évolution des mentalités. Par conséquent, sa gestion spirituelle concrète, c'est-à-dire sa pastorale, change également selon les pays et les époques.

Actuellement, en Occident, l'Église catholique souhaite mettre l'accent sur l'engagement personnel qu'il suppose. De ce fait, elle s'oriente vers des baptêmes conférés à un âge plus avancé, comme depuis longtemps chez nos frères et sœurs protestants. Cependant libre reste la possibilité pour les parents chrétiens convaincus de présenter leur enfant au baptême et de fêter la naissance avec la parenté.

Signification du baptême

Aux incroyants sceptiques sur cette prière autour d'un bébé qui n'y comprend rien, il convient de fournir une brève explication.

Dans les débuts de l'Église, en effet, seuls les adultes étaient baptisés, car on réservait cette démarche à des personnes matures. Petit à petit, des parents chrétiens l'ont demandée pour leurs enfants, ce qui fut définitivement accordé au IVe siècle. Selon quelles perspectives?

D'une part, le très jeune candidat, purifié par l'action divine, est introduit dans le Peuple de Dieu, concrètement dans une communauté chrétienne, habituellement la paroisse en présence des proches et des amis.

Par ailleurs, le baptisé reçoit le don de l'Esprit Saint qui lui sera conféré pleinement lors d'une confirmation. Si jeune ? Oui, comme une « graine » d'amitié dans son esprit, graine et présence divine qui ne germera réellement que si elle est "arrosée" par l'annonce du message et de la personne de Jésus.

C'est donc une invitation à bénéficier plus tard librement d'une relation explicite établie avec Dieu qui, de son côté, s'engage fidèlement à y répondre dans le respect des libertés.

Quel beau cadeau offert à leur bébé par des parents croyants décidés et qui aiment communiquer à leurs descendants les valeurs religieuses qui les habitent !

Ce pas dans la vie spirituelle n'empêchera jamais le bénéficiaire de laisser librement *endormi* dans son coeur ce don précieux.

Dans les enquêtes sociologiques sur les motifs d'une demande de baptême, les chrétiens affirment au minimum une adhésion aux *valeurs* évangéliques. Avec en même temps des motivations très variées : bénédiction spirituelle, protection divine, rencontre explicite avec Dieu, appartenance à l'Église, ...

Plus déterminée est la demande du baptême par des d'adultes. Elle augmente chaque année dans nos pays et vu le contexte spirituel difficile, cette option ressemble à un *pari* sur la liberté humaine et sur celle de Dieu qui, lui, reste toujours disponible pour nouer ou renouer une amitié avec chacun et chacune de nous.

La foi, un acte, libre et raisonnable

Les réflexions précédentes sur la résurrection et ses suites n'ont rien d'une démonstration *rationnelle* qui s'imposerait à la raison comme deux plus trois font cinq. Non, mais elles sont *raisonnables*. Elles conviennent à la raison dès que l'on reconnaît en Jésus de Nazareth une personnalité venue d'En-Haut.

Le mot foi signifie aussi confiance, celle que l'on met en Dieu. Finalement, c'est la certitude et la paix d'être aimé tel qu'on est. Une découverte puisée dans le message et la vie de Jésus. Mais aussi dans l'expérience progressive d'une rencontre vécue seul-e- ou avec d'autres.

La foi au Dieu unique se noue paisiblement en Jésus qui en est l'expression parfaite, le *Verbe*, engendré sans cesse par une paternité/maternité spirituelle qui n'a rien de sexué.

Jésus a choisi de manifester sa relation filiale à un Père qui aime et est aimé par ce Fils. Et ce courant continu d'amour est aussi une personne, celle de l'Esprit qui, en permanence, partage cet amour. Cet Esprit contacte chaque conscience humaine et habite spécialement le coeur des baptisés.

Trois personnes en un seul Dieu ! Pour appréhender cette communion céleste nous sommes bien démunis. Et pourtant, c'est à cette relation divine que nous ressemblons par notre désir profond d'aimer et d'être aimés, par notre besoin inassouvi de relations et de fécondité, biologique ou autre.

Entrer en relation avec Jésus le Nazaréen est un acte simple de confiance quand on le vit naturellement. Mais, ô combien mystérieux ou "insensé" pour qui vit à l'extérieur de cette démarche, accessible cependant à tous.

Une foi qui se veut *raisonnable* reste toujours un acte *libre*, à travers l'invisible. Un invisible qui s'est rendu visible en Jésus le Christ qui a attiré à lui depuis plus de deux mille ans des milliards d'hommes et de femmes !

Certains résument volontiers leur foi en déclarant très justement :

> "*Je crois que Jésus est Dieu. En tout cas, jusqu'à ce que je trouve éventuellement quelqu'un qui, se disant divin, montrerait davantage d'amour, en paroles et par une vie, plus forte aussi que la mort. Une telle rencontre paraît vraiment improbable.*"

Cette pensée évoque la réponse de Simon-Pierre à Jésus demandant à ses apôtres s'ils allaient eux aussi le quitter :

> "*Seigneur, à qui irions-nous ? Tu as des paroles de vie éternelle.*"[37]

Dans l'histoire humaine, les religions et la foi ont parfois été imposées, comme si le Dieu prêché par Jésus avait absolument besoin d'être connu et vénéré pour "dormir en paix"[38]!

Dieu a évité de s'imposer aux hommes, tout en se révélant et en suscitant des adhésions libres et sereines, telles les paroles de Thomas. Celui-ci après avoir mis en doute la résurrection du Seigneur lui a dit en le revoyant : "*Mon Seigneur et mon Dieu.*"[39]

Pour toi, croire c'est... ?"

À cette question, une multitude de réponses surgissent, car chaque fidèle chemine à son rythme personnel, avec des haltes, des pauses, parfois des détours ou des retours en arrière, voire des trajets divergents.

Les paramètres *personnels* des parcours sont très nombreux : famille, doutes, épreuves, responsabilités, réussites, échecs, la santé... Toute une histoire enrichie ou perturbée par des connaissances et des événements, comme la naissance d'un enfant ou la disparition d'un être cher.

Avec Dieu, la relation se révèle également très particulière, un vrai tracé personnalisé. Aucun d'entre nous n'a la même perception de Dieu, dont la personnalité infinie réclamera une éternité de fréquentation ! Un aperçu de cet écho personnel se lit dans le texte suivant de Martine :

> "*Spontanément, je réponds: oui, je suis croyante, totalement. Aussitôt, je nuance: je crois de toute la force de mon être... de créature mortelle. Ma*

[37] Jean 6, 68.
[38] Allusion à la parabole citée en Marc 4, 26-29.
[39] Jean 20, 28.

'croyance' pourrait être ébranlée par des erreurs humaines, des choix d'orientation communautaires ou personnels.

Je connais des questionnements, des failles, des nuits même. Ce sont des faiblesses inhérentes à notre condition ontologique finie.

Ma 'Foi ' en Dieu est plus forte que tout, parce qu'elle n'est pas abstraite. Elle est basée sur une rencontre avec Dieu comme Personne vivante et pleine de tendresse. Je ne pourrai jamais nier ce lien, car c'est la coïncidence de deux libertés.

Là réside toute la beauté de la foi : la confiance, l'amour, la vie donnée librement.

Dieu fait de nous en Jésus-Christ des hommes et des femmes libres. Ainsi, la foi devient relation d'amour. Alors oui, je crois. Je mets dans ma foi toute l'ardeur de ma liberté. Et j'y trouve toute ma joie."

Martine sépare et en même temps lie *croyance* et *foi.* À juste titre, car les croyants peuvent distinguer ces deux espaces unis dans leur démarche. D'une part "j'ai confiance, je crois en Dieu", et d'autre part "parce que". Cette seconde partie de l'acte de foi est un contenu, par exemple, *parce que Jésus a montré un chemin de vie définitif.* Pierre a motivé de même sa foi en disant à Jésus qu'il avait des paroles d'éternité, qu'il était le Fils du Dieu vivant[40]. Une adhésion qui est aussi un don du Père par l'Esprit.

Autrement dit, il s'agit d'une relation libre qui satisfait l'intelligence, un contact éclairant, pacifiant pour l'esprit.

Quel est donc ce contenu si attrayant ? Quelle est cette source permanente qui peut abreuver nos soifs ? Nous y arrivons.

* * * * *

[40] Matthieu 16, 12-17.

Chapitre 12

Un contenu vivifiant

Chaque croyant, chaque chrétien pourrait dire pourquoi il croit, expliquer à sa manière les raisons de ce choix.

Pour certains, cette démarche est très spontanée, voire surtout affective, sans justification intellectuelle nécessaire.

D'autres, au contraire, ont cherché à rendre compte de leur, foi, de leur espérance[41]*. Ils ont concrétisé cette recherche, seuls ou en groupe. Ce parcours n'est d'ailleurs jamais terminé, car fonder et actualiser sa foi restera toujours utile pour soi et pour autrui.*

Un bref contenu de la foi

Comme spécifié à la fin du chapitre précédent, le mot « croyance » désigne "C*e que je crois, pourquoi je crois*" séparé du volet *"En qui je crois".* Il s'agit d'une certitude que Thérèse d'Avila résumait en une courte phrase pleine de sens :

"Il sait tout. Il peut tout. Il m'aime."

Les responsables chrétiens ont pris soin, depuis le début, d'officialiser les principales vérités de la foi de l'Église. Ainsi fut formulé le "Symbole des apôtres" basé sur le Nouveau Testament et donc proche des premiers chrétiens. Tandis qu'un second Credo porte le nom des villes d'Asie mineure, Nicée et Constantinople, où deux conciles ont davantage fixé au IVème siècle le donné de la foi.

Les chrétiens continuent de réfléchir et d'exprimer les raisons qui les mobilisent pour suivre le Christ.

Voici d'abord une assez large réflexion effectuée avec une Communauté de Vie Chrétienne (CVX). Ensemble, nous avons pris la peine de penser le "pourquoi" de la foi dans un langage simplifié. Sa rédaction a été quelque peu complétée et se présenté sous un titre général, avec peu de références bibliques.

---

41 Ce qu'a proposé l'apôtre Pierre dans une épitre : 1 Pierre 3, 15.

L'essentiel d'une vision chrétienne

- ***Seul un Dieu ami de l'homme mérite toute l'attention***

Pour les chrétiens, Dieu et son message éclairent la route comme un soleil bienfaisant. Une des vérités principales pour notre cheminement a été dévoilée par Jésus : pour Dieu, son Père divin nous sommes ses enfants. À propos de ce "Père", notons que Joseph est considéré comme le protecteur de Marie et père humain adoptif de Jésus. Sa conception originale, sans intervention de Joseph ou d'un homme, exprime sa double appartenance : humaine à part entière et divine, parce que venu d'Ailleurs, de plus Haut que nous, "sorti du Père" a-t-il dit.

Se savoir estimé et accueilli par Dieu est un bonheur inestimable. Surtout si ce Jésus, Seigneur ressuscité, reste tous les jours à nos côtés.

Ce Dieu n'est pas un être enfoui dans la triste et dure solitude que nous expérimentons, de temps en temps ou même souvent. Un isolement dont des personnes âgées, malades, séparées, veuves ou sans amis connaissent les inconvénients ! Surtout quand on est "confiné" !

Non, Dieu, loin d'être un solitaire, vit dans une étonnante communauté d'amour entre trois personnes. Nous lui ressemblons, le désir de relation et le besoin d'amitié imprègnent notre affectivité.

- ***Au lieu de nous séparer, Jésus nous unit et invite au partage***

Une religion qui sèmerait la discorde, voire la guerre, paraîtrait, à juste titre, très suspecte. Tel n'est pas le *vivre ensemble* proposé par Jésus de Nazareth qui invite à l'entraide. Reconnaissons cependant que les chrétiens n'ont pas toujours, comme *groupe*, pratiqué cette vertu. Sans compter nos rejets *individuels*.

Notre cheminement terrestre nous lie inévitablement à d'autres humains. Personne n'y échappe. Dès la naissance, nous provenons d'une relation homme/femme et nous restons dépendants les uns des autres.

"Donnez-leur vous-mêmes à manger,"[42]ce mot d'ordre de solidarité qui termine la multiplication des pains est pratiquée par beaucoup de baptisés, participants ou non à la messe dominicale. Réjouissons-nous également en constatant que les chrétiens n'ont pas le monopole du partage des biens. Beaucoup d'humains aident autrui.

Chacun attend des autres : respect, accueil, estime et, si possible, cordialité, fraternité, amour. Cet idéal, l'évangile le promeut à longueur de pages.

Quelles limites fixer à la charité ? Il est naturel et légitime de penser à soi. Il est important aussi de s'occuper des plus proches : enfants, famille, amis. Ce qui serait déplacé, c'est de ne penser *qu'à soi et aux siens* et de se servir sans cesse au détriment des autres.

Le message du Christ invite également à se tourner vers le plus démuni. Cette attention est citée comme critère d'une communion avec lui : *"J'avais faim et vous m'avez donné à manger ; j'étais un étranger et vous m'avez accueilli ; malade et vous m'avez visité ; en prison et vous êtes venu me voir ..."*[43]

Le Christ invite les plus forts à secourir les plus faibles. L'interpellation est exigeante. Autrement dit, comment développer ses potentialités, pour soi-même bien sûr, mais aussi pour d'autres, en pensant aux plus défavorisés ?

Ce rappel à une meilleure fraternité met évidemment en lumière la fragilité qui nous colle à la peau et invite à l'humilité.

---

[42] Matthieu 14, 16, Marc 6, 37, Luc 9,13. Les synoptiques ont tous trois noté cette demande significative du Seigneur face à des foules sans nourriture.

[43] Matthieu 25, 31-45.

- ***Loin de nous condamner, il nous fait grandir***

Depuis toujours, l'homme est un loup pour l'homme. Que de souffrances, en effet, causées par notre égoïsme, notre méchanceté, et tous nos défauts !

Dieu, nous regardant avec indulgence et bonté, mieux que les meilleurs parents, essaie de nous convertir et nous faire renaître. Il relève et pardonne. La brebis égarée requiert sa sollicitude.

L'attitude de Jésus envers la femme adultère est un encouragement permanent :

"Que celui d'entre vous qui n'a jamais péché lui jette la première pierre.

Femme, personne ne t'a condamnée ? Moi non plus, je ne te condamne pas : va, et désormais ne pèche plus." [44]

Sous le regard miséricordieux de Dieu, nous sommes amenés à rencontrer autrui avec bienveillance et même à pardonner.

L'amitié divine, son accueil, sa force n'ont pas de limite et sont proposés à tout homme, croyant ou non, dès cette vie et après. "Dieu notre Sauveur veut que tous les hommes soient sauvés et parviennent à la vérité."[45]

- ***Avec nous, il soulage le malheureux et combat l'injustice***

Dieu ne reste pas inactif devant l'oppression, l'exclusion, le déracinement. À tout homme de bonne volonté, à tout croyant, l'Esprit divin inspire de s'engager dans la lutte contre les situations injustes, destructrices, violentes. C'est par nous et avec nous qu'il intervient.

En chacun et chacune, il fait retentir l'appel à modifier nos comportements égoïstes, surtout quand on est mandaté pour aider politiquement et socialement le peuple !

Tous les jours, nous en sommes informés : des inégalités humaines subsistent dans chaque pays et abîment gravement des régions entières. Nos sociétés ont sans cesse été bouleversées par des guerres interminables, par une pauvreté extrême, par un profit honteux, par un réchauffement climatique si menaçant. Des populations sont obligées de quitter leur terre natale ; des humains pour survivre sont acculés à trouver un toit ou du pain, loin de chez eux.

Ceux qui ont eu la chance d'être nés dans les plus riches contrées devraient accepter de partager davantage leurs biens avec les pauvres.

Devenir bon Samaritain, c'est alors s'impliquer dans le combat pour plus de justice et de paix, et, dans la mesure de ses possibilités, dans l'entraide directe, sur le terrain. Répondre ainsi en agissant, c'est participer à l'oeuvre divine.

- ***Il nous accompagne dans nos souffrances***

Désillusions ! Ce mot évoque encore l'attente et la déception de ceux qui pensent obtenir de Dieu un soulagement direct de leurs épreuves ! Et, comme écrit fin du deuxième chapitre, Dieu ne change rien aux événements. Dès lors, comment soulage-t-il ?

Jusqu'au bout de notre itinéraire se dressent, en effet, une multitude d'obstacles à franchir. Variées sont les facettes de la souffrance : ennuis de santé, invalidité, méchancetés, séparations, pauvretés, accidents, dévastations naturelles, violences, abandons, décès d'un être aimé, ... Face à ce déluge de misères, que fait Dieu ?

Une évidence : Dieu ne nous manipule pas comme des marionnettes. Il respecte le déroulement du monde et des événements. Il respecte tout autant notre liberté, capable de faire du bien, mais aussi de causer du mal.

Jésus s'est investi envers des souffrants. Sa naissance dans une étable - ses parents ayant été refusés à l'hôtellerie - a donné le premier ton de ses options relationnelles : compatir.

---

[44] Jean 8, 10-11.

[45] 1re épître à Timothée 2, 4.

Sa vie et son message illustrent cette proximité avec les éprouvés. À tout homme de bonne volonté, à tout croyant, l'Esprit divin demande de tenir compte des autres et de soulager les souffrances.

Cet appel résonne dans toute conscience et se fait également entendre publiquement, entre autres par l'Église et l'évangile.

Nombreux sont les lieux et les personnes investis dans l'entraide professionnelle et bénévole, cachée ou visible.

Parmi les engagés en faveur du prochain en souffrance, des chrétiens sont cités en exemple, comme le père Damien auprès des lépreux, mère Teresa avec les mourants.

Dans l'anonymat, des millions d'hommes et de femmes, croyants ou non, pratiquent cet *esprit* de fraternité. Au regard du chrétien, *l'Esprit* divin est sans cesse à l'œuvre dans ces actions.

Reste que devant des accumulations de désastres et d'épreuves il est bien normal de crier : "Assez", en espérant de l'aide. Celui ou celle qui entend cette clameur doit bouger.

- À la fin du parcours, il nous accueille

Chaque marcheur humain s'éloigne un jour de l'horizon des vivants et disparaît définitivement des regards. Il semble être tombé dans un immense vide dont la destination nous échappe. Plus aucune communication. Une rupture qui fait souvent très mal. Cette mort contredit notre profond désir de vivre toujours, en bonne santé et dans l'amitié. À première vue, une cruelle absurdité !

Pourtant, selon la raison, tout désir profond devrait être exaucé. À la soif correspond l'eau. Au besoin d'affection, l'amour. Et à l'aspiration d'une vie heureuse et sans fin, que trouvons-nous ?

Seul peut répondre quelqu'un de divin ayant traversé la mort et l'ayant surpassée ! Par sa résurrection, le Christ ouvre une fenêtre sur cet Au-delà mystérieux qui déroute ! Vivant, il exauce une espérance secrète de notre cœur : une éternité bienheureuse. Une "survie" offerte à tous.

Un paradis promis à tous ? Oui, moyennant, si nécessaire, une purification, pour pouvoir participer à cette plénitude de vie. Ainsi pourra se concrétiser le projet divin de rassembler l'humanité dans un Royaume d'amour.

Cette issue reste impossible à imaginer ! Évidemment. Dès la première vie dans le ventre maternel, nous étions déjà incapables de réaliser qu'un jour nous en serions libérés pour marcher, parler, devenir autonomes. Face à l'étape ultime de notre existence, nous sommes encore plus démunis pour décrire ce destin promis, car il s'agit d'un changement radical d'existence.

La révélation chrétienne s'en tient aux promesses de Jésus ; il a parlé d'une place qu'il nous réservait dans la "maison" de son Père. Cette annonce, Saint Jean l'a prolongée par dans le vingt unième chapitre de l'Apocalypse, texte prophétique où il décrit ce qu'il appelle le "ciel nouveau". En termes imagés, un court passage illustre cette "demeure de Dieu avec les hommes" :

"Il essuiera toute larme de leurs yeux.
La mort ne sera plus.
Il n'y aura plus ni deuil ni cri, ni souffrance,
car le monde ancien a disparu."

Devenus immortels, nous vivrons ensemble sans aucune souffrance et sans entendre des cris causés par la méchanceté !

Il ne nous est pas demandé de le comprendre, mais de faire confiance à Celui qui a révélé ce prolongement surprenant de notre existence personnelle et collective dans une vie et un monde bienheureux.[46]

Après cette réflexion de l'équipe CVX, goûtons la sage et réconfortante parole de saint Irénée : "*la joie de Dieu, c'est l'homme vivant.*"

Suivre le Christ engage à aimer

L'expression "suivre le Christ" parle directement aux hommes et aux femmes qui ont opté pour une vie consacrée, un engagement religieux ou encore à ceux et à celles qui ont accepté une mission pastorale : évêques, prêtres et diacres, animateurs de la foi, catéchistes, et tant d'autres "serviteurs" du Peuple de Dieu et des hommes.

Bien plus, tout fidèle n'est-il pas invité à vivre cette amitié avec le Seigneur et à œuvrer pour un monde meilleur, que ce soit par l'action ou par la prière ?

Quel que soit son engagement pour "suivre le Christ", le disciple a besoin d'être stimulé et nourri. Dès ses débuts, la chrétienté s'est organisée pour offrir un soutien qui devrait être accessible à tous : sacrements, vie communautaire et paroissiale, rencontres, formations et mouvements variés.

En effet, comme pour toute activité de qualité, profane, laïque, religieuse, avancer seul n'est pas simple. Nos liens naturels avec autrui réclament l'appui de tiers.

Imbriquée dans notre parcours humain, la foi en colore toutes les facettes, de la naissance à la mort. Elle dépasse largement le niveau d'une connaissance, d'une croyance, d'un contenu. Elle se déploie, à travers l'invisible, pour vivre une réelle *rencontre* avec le Seigneur.

À certains moments privilégiés, ce contact se ressent avec davantage d'émotion. Car Dieu reste le maître principal de la relation qui, entre autres, touche ceux et celles qu'il souhaite investir d'une mission particulière. C'est habituellement le cas lors d'un appel à la vie religieuse et au sacerdoce. Mais, pour tous, à travers les appels quotidiens à une bonne vie, se fait plus ou moins sentir le paisible sentiment d'une relation proche avec le Seigneur.

Faire l'expérience de Dieu, chercher sa présence est un idéal auquel plusieurs consacrent tout leur temps, sachant que ce début de rencontre se prolongera à l'infini, une fois parvenus auprès de l'Éternel. La plupart vivent cet engagement dans des communautés contemplatives, monastères et abbayes.

L'expérience d'une relation personnelle, ou collective, avec Dieu n'enlève en rien les liens avec les proches. Elle n'est pas non plus exceptionnelle et a débuté au temps des premières communautés chrétiennes qui se sont fondées sur la certitude que Jésus ressuscité continue sa présence en envoyant son Esprit aux fidèles.

Cet enjeu d'une amitié *libre* avec Dieu, le Père Moingt l'évoque clairement en élargissant quelque peu le propos :

---

[46] Apocalypse 21, 4.

"Savent-ils bien les catholiques que la foi est essentiellement relation de personne à personne, confiance dans la bonté paternelle de Dieu, et non soumission craintive à un catalogue de définitions et de prescriptions ?

Sont-ils tous conscients que la spécificité de la foi chrétienne est de croire en un Dieu se révélant dans un homme et que cette vérité fondamentale met une différence radicale entre le christianisme et les autres monothéismes ?"[47]

Chez les chrétiens, ce réconfort communautaire a été mis en route par le Christ lui-même qui a initié une "sainte cène", l'eucharistie. Par elle il entre en communion avec ses amis en les invitant à faire de même avec lui et à devenir hommes et femmes de fraternité avec les autres.

En quelques mots, le pape François, s'adressant aux fidèles du monde, a résumé comment se mettre à la suite du Christ :

"Devenir chrétien signifie suivre Jésus, adhérant à son message dans l'Église, en se laissant inspirer par l'Esprit Saint qui stimule en nous l'amour."[48]

Ces derniers mots apaiseront ceux qui redoutent que le chemin chrétien soit uniquement tourné "vers le ciel", *verticalement*. Il l'est évidemment, mais en même temps tout le message évangélique invite à aimer le prochain, une dimension *horizontale* permanente et qui suscite la sortie de soi avec une attention réelle aux moins nantis.

Parmi les nombreux textes évangéliques centrés sur la fraternité, un des plus parlants se trouve chez l'évangéliste Matthieu. Ce passage, rédigé dans le style solennel de l'époque, dépeint le sort final des humains près de Dieu :

"Alors le roi dira à ceux qui seront à sa droite : Venez, vous qui êtes bénis de mon Père ; héritez le royaume qui a été préparé pour vous depuis la fondation du monde.
Car j'ai eu faim et vous m'avez donné à manger ; j'ai eu soif et vous m'avez donné à boire ;
j'étais étranger et vous m'avez recueilli; j'étais nu et vous m'avez vêtu; j'étais malade et vous m'avez visité; j'étais en prison et vous êtes venus me voir.
Alors les justes lui répondront : Seigneur, quand t'avons-nous vu avoir faim et t'avons-nous donné à manger ? Ou avoir soif, et t'avons-nous donné à boire ?
Quand t'avons-nous vu étranger, et t'avons-nous recueilli ? Ou nu, et t'avons-nous vêtu ? Quand t'avons-nous vu malade ou en prison, et sommes-nous venus te voir ?
Et le roi leur répondra : Amen, je vous le dis, dans la mesure où vous avez fait cela pour l'un de ces plus petits, l'un de mes frères, c'est à moi que vous l'avez fait".[49]

Ce texte fort restera toujours d'actualité.

* * * * *

[47] Joseph Moingt, *Croire quand même, libres entretiens sur le présent et le futur.* Du catholicisme, Paris, Temps présent, 2001, p.39.
[48] Début de sa *Lettre aux consacrés*, novembre 2014.
[49] Matthieu 25, 31-46.

Chapitre 13

Église en marche

Depuis 2000 ans, l'immense groupe appelé Peuple de Dieu continue sa route. Et pourtant, même des chrétiens s'en écartent lorsqu'ils en découvrent les faiblesses, oubliant ou méconnaissant sa profondeur.

N'est-elle pas, selon l'étymologie, l'Assemblée convoquée par Dieu pour devenir une communauté d'amour ?

Cette famille spirituelle s'enracine dans la prédication de Jésus et son choix des douze apôtres. Sa mission a été fortifiée par la résurrection du Seigneur et le don de l'Esprit.

L'Église reste toujours en marche, à construire, comme un édifice dont tous les chrétiens sont une pierre vivante.

"Église" ! À qui pensez-vous ?

Spontanément, le mot "Église" projette un ensemble d'images : le Vatican, des évêques ou encore un système, des idées. Mais au juste ?

Croyant ou non, nous nous référons à une assemblée proche, mais aussi à la plus répandue des religions. Ces deux réalités constituent, en effet, l'Église.

D'une part, il s'agit bien d'un vaste peuple, celui des croyants chrétiens façonnés par l'histoire en quatre confessions : catholique, protestante, orthodoxe et anglicane.

Par ailleurs, cette Assemblée spirituelle, nous pouvons la fréquenter dans des communautés et divers lieux de culte habituellement proches autour d'une église paroissiale. Elle est aussi présente dans diverses implantations religieuses, également en clinique, à l'école, à l'armée, en maison de repos, dans des groupes de réflexion, de prière. Finalement partout où vit un(e) chrétien(ne).

C'est en quelque sorte le visage actuel du Christ. En osant constater cette incarnation, il importe de penser à nous-mêmes. Chacune et chacun, nous sommes une modeste cellule d'Église. Donc *je* suis, en partie, l'Église, comme une brebis dans le troupeau dont le berger est le Seigneur Jésus.

Sous cet angle de vue, mettre en cause l'Église sans se laisser interpeller personnellement serait inadéquat. Parler d'une Église qui devrait aller vers les différents ou soulager davantage les pauvres renvoie à *mes* activités et engagements.

L'Église, Jésus l'a formée avec Pierre et les apôtres pour une légère hiérarchie avec des mandats. Dès les débuts, cette assemblée s'est organisée et en se développant elle a dû fixer une certaine doctrine, des directives avec un capitaine pour diriger le navire.

Regardant l'évolution de cet ensemble avec recul, on peut affirmer que l'Église est à a fois sainte et pécheresse. Sainte, parce qu'elle contient le trésor de l'évangile, la présence du Christ. Mais pécheresse car incarnée par des humains dont la sainteté est toujours relative.

Bonté et accueil cohabitent, par exemple, avec autoritarisme et abus sexuels ! Nous voilà de nouveau renvoyés à nous-mêmes. Comment suis-je disciple du Christ dans la prière et la fraternité ?

"Je crois en l'Église", proclame le Credo. Une affirmation proche, mais, si différente de "*croire en Dieu"* auquel je me confie sans réserve, car il m'aime sans condition.

Croire en l'Église évoque une société visible dont je suis membre. Elle est animée par l'Esprit et nous offre, malgré ses défaillances, la présence de Jésus et donc toujours un regard d'espérance, quelle que soit l'obscurité ou la lumière.

Nuit et jour, l'Esprit est à l'oeuvre

L'Église n'est pas le royaume de Dieu, dont a parlé Jésus, c'est-à-dire totalement imprégnée de sa sainteté. Elle l'annonce et le rend présent, bien qu'il lui arrive aussi de le trahir.

En Occident, la situation globale des Églises s'est désagrégée dans de nombreux secteurs, dont la pratique dominicale et des sacrements, les vocations, les lieux de culte.

Cette situation *hivernale* contient cependant des germes positifs. L'adhésion au message du Christ est de moins en moins socio-culturelle et de plus en plus un choix réfléchi.

Au-delà de cette purification, se manifestent des efforts de renouveau, dont la participation des laïcs. Sans compter les surprises agréables que l'Eprit-Saint peut susciter, comme la venue bienfaisante du pape François. Ce n'est pas qu'au sommet que ce Souffle divin agit.

> *"Jésus dit encore : Il en est du royaume de Dieu comme quand un homme jette de la semence en terre ; qu'il dorme ou qu'il veille, nuit et jour, la semence germe et croît sans qu'il sache comment.*
> *La terre produit d'elle-même, d'abord l'herbe, puis l'épi, puis le grain tout formé dans l'épi : et, dès que le fruit est mûr, on y met la faucille, car la moisson est là."*[50]

Le semeur qui est Dieu envoie son bon Esprit partout dans le monde et spécialement dans le coeur des croyants réceptifs, ses amis.

Déconcertant, ce semeur qui parfois est *endormi.* Oui, il peut paraître lointain, détaché de tout résultat, voire impuissant ! Il n'en est rien, car il a confiance en ses graines, le dynamisme divin accompagné par la bonne volonté des humains, terre fertile, malgré les mauvaises herbes.

Depuis vingt siècles s'effectue la sanctification des hommes, réel souci de Dieu, semeur paisible, capable de trouver pour son champ des travailleurs désireux de collaborer.

Face aux contrariétés, ces ouvriers tenaces travaillent en gardant confiance envers le Maître, heureux d'être associés à une telle tâche.

---

[50] Marc 4, 26-29.

Préparer demain dans l'espérance

Nous voici revenus à l'époque des premières communautés du christianisme, comme dirait Alexandre Men ; on doit se renouveler et, par extension, c'est l'aventure même de tous les croyants. [51]

Pour regarder le présent en fonction de demain, les idées ne manquent pas. Nous en avons puisé quelques-unes dans une corbeille bien remplie.

Tout d'abord, les très émouvantes perspectives de Dietrich Bonhoeffer, ce courageux pasteur emprisonné suite à son opposition au nazisme.

De sa cellule, sans espoir sur son sort, il a gardé intacte la confiance au Seigneur et a rédigé des lettres rassemblées sous le titre *"Résistance et soumission,"*[52] des textes inspirants pour le futur :

"Que personne ne méprise l'optimisme en tant que volonté d'avenir, même s'il se trompe cent fois : il est la santé vitale qu'il faut réserver de toute contagion."[53]

"Il nous reste le chemin très étroit et parfois presque introuvable de prendre chaque journée comme étant la dernière, et pourtant de vivre dans la foi et la responsabilité, comme s'il y avait un grand avenir."[54]

D'un condamné à mort, une telle pensée pour ouvrir l'avenir réconforte.

Nous ne sommes heureusement pas dans cette nuit spirituelle, mais parfois un découragement peut nous guetter. Inspirons-nous de ces martyrs pour tracer nos chemins actuels.

Dans quel esprit, comment se mettre en route ? Le titre de la Lettre pastorale, très éclairante, de Mgr Jean-Pierre Delville, évêque de Liège, publiée en 2019, indique la perspective à suivre comme dit Dieu à Abraham :*"Va vers le pays que je te montrerai."* [55]

En effet, cette invitation se réfère à Abraham qui reçoit de Dieu la mission de découvrir un nouveau pays. *"À nous aussi,* écrit l'évêque, *le Seigneur demande d'aller vers des terrains inconnus"*. Et il précise quelques étapes à parcourir, dont le trajet aux *périphéries*. Une claire allusion aux propos du pape qui invite l'Église à partir en mission.

Cet envoi constitue l'Église qui devra toujours garantir la volonté du Christ d'annoncer sans cesse à tous les peuples la venue du Royaume de Dieu. Une prédication en paroles, mais surtout en actes.

"L'Église a la responsabilité pastorale de rendre cet Évangile *recevabe* ici et mainteanant, sachant qu'elle est toujours précédée par l'Esprit qui est au travail en tout homme et toute femme."[56]

Aujourd'hui plus qu'hier, l'Église pour ne pas stagner doit rester créative en adaptant son implantation. Cet effort concerne le langage, les liturgies, le style des communautés et une attention à tous les problèmes humains.

---

51 Alexandre Men, *Le christianisme ne fait que commencer*, Paris, Cerf et Sel de la terre, 1996.

52 Labor et Fides, 2006.

26 Ibidem, page 16.

54 *Ibidem, page 30.*

55 En octobre, *mois proclamé par le pape François* "mois extraordinaire de la mission universelle".

56 Christoph Théobald, "Vers une Église hospitalière", *Études,* octobre 2019, page 82.

Ainsi, "*les nouveaux lieux ecclésiaux, dont certains sont l'Église, à la manière dont le Christ lui-même a vécu, toujours en chemin. Ses disciples sont aujourd'hui appelés à imiter son style, sa manière d'être au monde.*"[57]

Pour terminer, faisons nôtre la conviction pleine d'espérance du plus grand des missionaries, saint Paul :

Que dirons-nous donc à l'égard de ces choses? Si Dieu est pour nous, qui sera contre nous ?
Lui, qui n'a point épargné son propre Fils, mais qui l'a livré pour nous tous, comment ne nous donnera-t-il pas aussi toutes choses avec lui ?

Qui accusera les élus de Dieu? C'est Dieu qui justifie!
Qui les condamnera? Christ est mort; bien plus, il est ressuscité, il est à la droite de Dieu, et il intercède pour nous!

*Qui nous séparera de l'amour de Christ? Sera-ce la tribulation, ou l'angoisse ou la persécution, ou la faim, ou la nudité, ou le péril, ou l'épée ? Mais dans toutes ces choses nous sommes plus que vainqueurs par celui qui nous a aimés, car j'ai l'assurance que ni la mort ni la vie, ni les anges ni les dominations, ni les choses présentes ni les choses à venir, ni les puissances, ni la hauteur, ni la profondeur, ni aucune autre créature ne pourra nous séparer de l'amour de Dieu manifesté en Jésus Christ notre Seigneur." *[58]

* * * * *

[57] Arnaud Join-Lambert, "Nouveaux lieux ecclésiaux pour régénérer l'Église en Europe", *Études*, mars 2019, page 90.
[58] Romains 8, 31-39.

Cinquième partie

Valeurs de vie : proximités et différences

L'amour et la tolérance sont la seule réponse
au problème de la vie

Anthony Burgess

Le soleil ne se lève que pour celui qui va à sa rencontre.

Henri Le Saux

Pour être libre, il faudra que tu renonces
à quelques idées acquises.

Khalil Gibran

Qui sommes-nous ?

En pensée, en actes

Personnellement

Et les uns pour les autres

Après une présentation nécessaire de l'incroyance et de l'option chrétienne, le souhait de cet ouvrage peut pleinement aboutir : présenter des points communs et quelques divergences entre croyants et incroyants.

À première vue, rien ne distingue extérieurement les croyants de ceux et celles qui ne le sont pas, sauf chez des religieux ou des prêtres qui portent une petite croix ou plus rarement un habit particulier.

Dans le monde des valeurs, dans les cœurs, ce sont surtout les ressemblances qui se remarquent dès qu'on aborde le vivre ensemble fraternel.

En plus d'une éventuelle relation au divin existent aussi des différences sur des enjeux éthiques liés à la vie.

Quelles que soient ces réalités spirituelles, tous se reconnaissent dans une appartenance humaine qui suscite respect, estime et parfois grande amitié.

Chapitre 14

L'amour mutuel, valeur capitale

Les humains se sont depuis longtemps interrogés sur la réussite des relations vécues avec autrui.

Notre bonheur social ne dépend-il pas d'une vraie fraternité ? Un idéal à poursuivre au-delà de toute différence idéologique et malgré les défaillances, dont nous sommes responsables.

Les réponses apportées ont traversé l'histoire et imprégné toutes les civilisations.
Y revenir est un devoir de conscience.

La règle d'or

Comment les humains définissent-ils la convivialité ?

Concernant les relations, choisies ou non, la sagesse des anciens et l'expérience des peuples ont engrangé des principes fondamentaux acceptés par une grande majorité et transmis par les principales religions.

Voici quelques-unes des sentences les plus connues :

- *"Voici la maxime d'amour : Ne pas faire aux autres ce que l'on ne veut pas qu'ils nous fassent." (Confucianisme).*

- *"Ne blesse pas autrui de la manière qui te blesserait." (Bouddhisme).*

- *"Vous aimerez l'étranger comme vous-mêmes"* (Judaïsme, Lévitique 19, 34)

- *"Tout ce que vous voulez que les hommes fassent pour vous, faites-le vous-mêmes pour eux." (Évangile de Matthieu 7, 12).*

Dans notre culture judéo-chrétienne, c'est la maxime de l'évangéliste qui, au XVIe siècle a reçu le nom de "Règle d'or". Elle est présente dans un ensemble dénommé "Sermon sur la montagne."[59]Il s'agit d'un enseignement central de Jésus où sont abordés divers thèmes, dont une charte de bonheur (les béatitudes), des conseils pour prier ou l'usage des biens et divers aspects de la vie sociale. S'y trouvent également plusieurs directives pour une fraternité de qualité, par exemple, cette invitation forte au pardon et à un amour qui s'étend jusqu'aux ennemis !

La merveille des sentences citées ci-dessus, c'est leur concision. En peu de mots, tout un programme d'entente mutuelle est énoncé.

---

[59] Matthieu 5,1-7,29.

Des droits inaliénables

La règle d'or, bien qu'interpellant les relations, ne détaille évidemment pas assez le regard sur autrui ni les exigences des rapports entre humains. Aussi, les hommes ont-ils pris la peine de formuler des directives essentielles sur le vivre ensemble, selon des perspectives humanistes profondes.

Appartenir au groupe humain mérite d'abord la pleine reconnaissance d'une dignité égalitaire. Le respect dû à chacun et à chacune constitue, en effet, un défi jamais suffisamment réalisé. Considérer tous les autres comme des membres de la même communauté terrestre peut paraître une évidence pour ceux et celles qui pratiquent cette vérité. Mais nous regrettons tous un écart généralisé, plus ou moins large, entre l'énoncé de ce principe de base et la volonté de l'appliquer.

Sur ce projet de fraternité, des actions négatives jalonnent malheureusement l'histoire ! Que d'adultes et d'enfants sont devenus et restent prisonniers des griffes de l'esclavagisme et des injustices !

La liste des dérives est interminable : des millions d'hommes ont souvent été considérés comme des sous-humains, entre autres par le nazisme qui les a exterminés sans pitié. Lors de guerres, au profit de dirigeants peu scrupuleux, on désignait les soldats de première ligne comme de "la chair à canon".

Quel a été aussi le sort des personnes handicapées, des malades mentaux, des femmes, des gays et des lesbiennes dans divers pays ? Et même qu'en est-il encore à l'heure actuelle ?

Après les carnages de la seconde guerre mondiale, élaborer une charte des droits humains s'est révélé indispensable. Ce travail attendu a finalement abouti, concrétisé dans un texte remarquable, la Déclaration Universelle des Droits de l'Homme.

Celle-ci, adoptée par l'Assemblée générale des Nations Unies le 10 décembre 1948, témoigne d'une prise de conscience absolument capitale dans l'histoire de l'humanité. Les représentants qualifiés de la plupart des nations ont affirmé de façon solennelle que tout progrès, toute promotion de la paix et de la justice exigent, comme préalable et comme fondement, la reconnaissance de la dignité de la personne humaine en tant que telle, ainsi que le respect de ses droits inaliénables. Il vaut la peine d'en lire quelques courts extraits :

"*Considérant que la reconnaissance de la dignité inhérente à tous les membres de la famille humaine et de leurs droits égaux et inaliénables constituent le fondement de la liberté, de la justice et de la paix dans le monde,*

Considérant que la méconnaissance et le mépris des droits de l'homme ont conduit à des actes de barbarie qui révoltent la conscience de l'humanité et que l'avènement d'un monde où les êtres humains seront libres de parler et de croire, libérés de la terreur et de la misère, a été proclamé comme la plus haute aspiration de l'homme, [...]

L'assemblée générale proclame la présente déclaration comme l'idéal commun à atteindre par tous les peuples et toutes les nations afin que tous les individus et tous les organes de la société, ayant cette Déclaration constamment à l'esprit s'efforcent par l'enseignement et l'éducation, de développer le respect de ces droits et libertés, et d'en assurer, par des mesures progressives d'ordre national et international, la reconnaissance et l'application universelles et effectives, parmi celles des territoires placés sous leur juridiction

Article 1er : Tous les êtres humains naissent libres et égaux en dignité et en droits. Ils sont doués de raison et de conscience et doivent agir les uns envers les autres dans un esprit de fraternité.

<u>Article 18</u> : Toute personne a droit à la liberté de pensée, de conscience et de religion. Ce droit implique la liberté de changer de religion ou de conviction ainsi que la liberté de manifester sa religion ou sa conviction seul ou en commun, tant en public qu'en privé, par l'enseignement, les pratiques, le culte ainsi que par l'accomplissement des rites."

Cet article 18 intéresse au plus haut point les croyants et les incroyants. Il scelle également les objectifs poursuivis dans cet ouvrage en confirmant les dires de chaque témoignage. Il souligne également la liberté nécessaire pour continuer la route avec le maximum de tolérance mutuelle envers les convictions, si variées qu'elles soient.

Ces objectifs peuvent largement progresser dans certains pays où même le premier article n'est pas encore acquis : l'égalité en droits des femmes par rapport aux hommes. On y tend malgré tout, mais trop lentement.

Avec "Les droits de l'homme", se déploie aussi un vaste trésor de valeurs accumulées par les humains. Croyants et non croyants peuvent ensemble s'en servir.

Allons plus loin dans la création et réception de ce document. En fait, les Nations-Unies n'ont ni créé ni accordé ces droits. Elles les ont simplement reconnus, ce qui est bien différent.

Le fondement de la dignité humaine n'est pas dans la Déclaration, mais dans la *personne humaine,* porteuse d'un absolu, d'une "part sacrée" qui impose le respect.

Notons encore que les Droits des personnes handicapées ont fait l'objet d'une attention particulière quelques années plus tard par une Proclamation de l'Assemblée générale de l'Organisation des Nations Unies le 9 décembre1975. Elle sera suivie d'une Convention relative aux droits des personnes handicapées, adoptée le 13 décembre 2006 et qui précise, entre autres, les notions de handicap et les aménagements dont ont besoin ces personnes.

En conclusion, réjouissons-nous en constatant l'existence les valeurs sociales de fraternité affirmées dans nos pays.

Une civilisation, une société n'exprime jamais autant son humanité que dans sa façon d'intégrer les plus faibles.

C'est là sans doute l'intuition la plus profonde qui sous-tend ces admirables documents baptisés "Déclaration des droits de l'homme et spécialement ceux concernant les personnes avec handicap".

"Tous frères", ces mots constituent le titre d'une récente intervention du pape François[60]. **Il appelle, entre autres, à un grand mouvement de fraternité universelle alors que la crise de la Covid-19 risque plus que jamais de laisser pour compte des pans entiers de la population mondiale. Un appel adressé à tous les humains, croyants ou non, pour vivre une fraternité de plus en plus indispensable.**

* * * * *

[60] Fratelli tutti -Tous frères. Lettre encyclique sur la fraternité et l'amitié sociale, 3 ovobre 2020.

Chapitre 15

Quand la vie pose question

Les situations biologiques au sens large conduisent à des décisions éthiques. Elles concernent la santé et l'accompagnement des personnes, de la naissance à la mort.

Comment croyants et incroyants vivent-ils ce respect de la vie ?
Les réponses sont principalement les mêmes, mais il y a quelques divergences éthiques importantes et, de ce fait, une intervention de la conscience personnelle.

La qualité de vie, on le sait, dépend aussi de notre environnement. Celui-ci est actuellement en danger.

"J'étais malade"

Cette phase mise entre guillemets est une claire allusion, elle se réfère à un texte déjà cité, de l'évangile de Matthieu[61]. Chez les chrétiens, elle est très connue. Dans notre culture, des non croyants en ont également connaissance.

Il s'agit d'une phrase prononcée par Jésus. Dans ce passage, il indique ce qui constitue la réussite de nos vies, en lien avec l'engagement fraternel en faveur de toute personne en grave difficulté, malheureuse. Jésus va jusqu'à s'identifier aux personnes en détresse. Sans le savoir, c'est lui que nous soulageons en aidant un malade, un pauvre, un maltraité. Ce qui signifie qu'en aidant les autres, nous ouvrons notre coeur à Dieu !

Parmi les non croyants qui entendent ce message et son commentaire, certains acquiescent en ajoutant que toute fraternité contient une touche d'*absolu*. Un "absolu" qui n'est cependant pas clairement divin.
D'autres, plus rares à notre avis, avancent cette réflexion que l'on comprend : *"les chrétiens aiment nous récupérer et nous baptiser un peu vite"*.

En tout cas, il est évident que les chrétiens ne détiennent pas le monopole de la charité. De plus, ce qui compte finalement, ce qui modifie la vie, ce ne sont pas les "spiritualités" ou les paroles, mais les *actes*.

À ce propos, la crise causée par le coronavirus a, dans ses moments les plus aigus, révélé à quel point, croyants ou non, des professionnels de la santé savaient se dévouer avec courage, intelligence et persévérance pour chercher à guérir les malades.
S'y sont ajoutés de nombreux bénévoles créatifs pour accompagner les soignants et soulager les familles endeuillées.

[61] 25, 31-45.

Ouvrons avec joie nos yeux sur cette fraternité effective qui habite le coeur des hommes. Chacun et chacune, dans son "idéologie" peut au moins y découvrir une marque évidente et essentielle de notre humanité commune.

Repères éthiques parfois différents

Concernant le déroulement éthique de l'existence humaine, la position de l'Église catholique est stable et connue : respect de la vie dès la conception jusqu'à la mort. Ce principe vital, "comme tel", ne peut pas être découpé en tranches, car il perdrait alors toute la cohérence et la force de son contenu.

Du côté des incroyants, on en trouve un certain nombre qui ont voulu et obtenu la légalisation de directives opposées, dont principalement l'interruption volontaire d'une grossesse (IVG), même très avancée et l'euthanasie. Certes, des règlementations réfléchies conditionnent ces décisions, mais on constate avec regret qu'elles ont tendance à s'élargir.

Une fois qu'on porte atteinte à la défense de la vie, des motivations nouvelles risquent toujours d'aller plus loin, d'aller trop loin.

En quittant une maternité, on peut se poser une question pertinente : que pensent ces récentes mamans de l'allongement du délai pour un avortement ? Surtout celles qui ont tant attendu pour avoir un enfant ?

Le contraste est flagrant entre leur joie et les résultats parfois douloureux d'une IVG. Bien sûr, leur situation n'est pas comparable aux cas épineux, mais le prix de la vie humaine, elles en connaissent la valeur !

Face aux situations réellement malheureuses concernant des femmes enceintes ou celles des fins de vie insupportables, des incroyants reprochent parfois à l'Église catholique (et aux autres confessions chrétiennes et religions) un manque d'humanité, spécialement au sujet de grossesses non désirées après viol.

Devant ces interpellations concernant des conditions extrêmes, qu'en est-il des réactions catholiques ?

Nous analysons uniquement le cas de l'IVG, renvoyant le lecteur, intéressé par l'euthanasie à une ample étude éthique réalisée avec un ami.[62] Cette réflexion explique dans quelles rares conditions l'euthanasie peut être abordée.

Le point de vue catholique se situe à différents niveaux :

* Tout d'abord, il faut souligner avec prudence que les textes législatifs votés avaient pris soin de cadrer les conditions de l'IVG dans le contexte d'une grande "détresse". Selon les pays, cette limite s'est étendue peu à peu à des situations de "confort", facilitées par le climat laxiste actuel, entre autres celui des relations affectives adolescentes garçons/filles, ainsi que par un manque de prévention chez des jeunes filles fragiles ou exposées.

---

[62] Dans *Réveiller les forces vives*, Préface de Albert Jacquard, par José Davin et Michel Salamolard, Cerf, Paris, 1997, pp. 163-173.

* Restent des situations cruciales et fréquentes, comme celle de Josiane. Sans famille, placée en institution, elle a abandonné un premier bébé à 15 ans puis encore enceinte, un an plus tard, elle a opté pour une l'IVG en disant *: "Je me sens déjà une mauvais mère, incapable de m'occuper seule de ma petite fille placée dans une pouponnière. Garder un nouvel enfant eût été pour moi 'suicidaire' ! Pourtant j'aime beaucoup les enfants".* Situation extrême et qui fait mal !

Dans son état d'esprit, pour "rester en vie", elle n'avait pas d'autre choix à ce moment. On qualifie volontiers cette décision de "transgression en conscience d'un principe important", celui du respect de la vie naissante, dans une situation pénible vécue comme un conflit de valeurs.

* L'Église, tout en gardant ses principes, a toujours mis l'accent sur le jugement ultime de la *conscience personnelle* face aux enjeux vitaux. Elle demande aussi de s'abstenir de juger les intentions des personnes qui commettent des actes en théorie négatifs.

Cette réflexion concerne évidemment aussi d'autres cas malheureux, comme les graves blessures psychiques suite à un viol collectif, sans espoir de retrouver le géniteur !

* Des repères éthiques sont certes nécessaires. S'ils peuvent s'accompagner d'actions de solidarité, c'est encore *mieux*.

Parmi beaucoup d'autres initiatives, en voici quelques-unes organisées par des chrétiens : les très nombreuses "Maisons maternelles" accueillant mamans, enfants et futures mères *adultes*, les "Services d'accueil" pour *mineures d'âge* enceintes ou déjà mères, comme *La Clairière* à Marquette-lez-Lille et le *Marsupilama* (nom bien symbolique), à Mons en Belgique.

La solidarité envers les plus pauvres qui souffrent requiert, non pas uniquement des solutions immédiates jamais suffisantes, mais des efforts de solidarité pour soulager les coeurs, les esprits et les corps.

Confrontées à cette exigence, de nombreuses personnes, croyantes ou non, s'engagent comme professionnels ou bénévoles à donner un coup de main ou à mettre en route des solutions collectives.

Pensons enfin à la générosité souvent présente dans les décisions d'adoption. Un engagement qui tout au long des années requiert courage, accompagnement et lucidité, pour continuer selon le possible.

Aura-t-on jamais fini de se dépenser raisonnablement pour autrui ?

La réponse appartient à chacun et chacune, selon ses capacités. Sans penser tout de suite aux situations douloureuses, constatons déjà avec admiration que les enjeux éthiques familiaux sont habituellement pris en charge chez tous ceux et celles qui ont formé ou reformé un couple stable et, qui, si c'est le cas, doivent assumer le destin d'enfants.

Agir en conscience

Pour éclairer nos parcours, la règle d'or et les droits humains tracent des pistes à suivre. Reste à faire face à la diversité des situations, inattendues, surtout quand surviennent des zones de brouillard.

Comment se déterminent alors tous les humains? Avec quel guide dirigent-ils le quotidien face surtout aux événements compliqués ?

Saint Paul, dont beaucoup s'inspirent, est un des premiers à répondre à ces interrogations. En effet, il les aborde en évoquant ceux qui ne suivent pas la Loi juive[63], guide extérieur auquel se référer.

Il appelle "païens" ces personnes qu'il distingue ainsi des juifs :

"Quand des païens sans avoir de loi font naturellement ce qu'ordonne la loi, ils se tiennent lieu de loi à eux-mêmes, eux qui n'ont pas de loi,

Ils montrent que l'œuvre voulue par la loi est inscrite dans leur cœur ; leur conscience en témoigne également ainsi que leurs jugements intérieurs qui tour à tour les accusent et les défendent".[64]

Naturellement, dit saint Paul, tout homme ressent une loi en lui-même, dans sa conscience. Celle-ci constitue d'abord une certaine perception de soi, le "je" qui se façonne en grandissant.[65] De plus, cette conscience fait ressentir en même temps que les autres existent : "toi, nous, vous, eux, elles", et qu'ils sont des partenaires humains et non pas des animaux, des plantes, des objets. Ce dernier ressenti d'autrui comme des choses qu'on peut utiliser à sa guise est évidemment pervers, il est le signe d'un grave dérangement mental qui malheureusement existe et conduit à des drames.

Le constat de saint Paul induit que la conscience morale a besoin, dès le plus jeune âge, d'être éduquée, ce qui se fait presque toujours naturellement d'ailleurs. À tout âge, la conscience a besoin d'être éclairée pour devenir en chacun une sorte de "boussole" intérieure qui dicte en secret l'esprit de la règle d'or, faisant ressentir ce qui est bien ou mal.

Guidé par cette précieuse *boussole*, l'homme rencontre les nombreuses et parfois périlleuses conditions de vie. Il lui faut prendre en compte librement les directives des droits de l'homme, éventuellement celles d'une religion et de la société... Dans le trésor des différentes valeurs, cette *boussole* incite à choisir ce qui fera son bonheur et celui des autres.

Cette connaissance intuitive de lui-même et des autres, chacun, croyant ou non, la ressent. Et vis-à-vis des semblables se profile très vite comme une loi de respect envers ses égaux.

Cette petite voix intérieure n'est pas contraignante bien qu'elle invite à faire le bien et à éviter le mal. Il s'agit du sanctuaire le plus secret de l'homme. "Agir en âme et conscience" demeure le dernier mot du jugement moral.

Pour ce faire, il est sage de s'inspirer d'un conseiller avec qui il est possible d'échanger de temps en temps. Il s'en trouve souvent au moins un dans la parenté ou parmi des amis, mais parfois il faut chercher cette aide qui se manifeste sous diverses facettes : pédagogique, morale, psychologique, ou spirituelle.

Reste à chacun à concrétiser au mieux chaque jour son propre rapport à autrui.

---

63 Il s'agit de l'enseignement divin transmis par Moïse.

64 Épitre aux Romains 2, 14-15.

65 Cette perception est très minime chez les personnes profondément handicapées mentales, mais elle est réelle. Ainsi, lorsque quelqu'un leur donne longuement la main un léger sourire éclaire leur visage.

Sauver notre terre

Quittons les habitations proches pour nous occuper d'une autre "maison", notre planète, cette création qui risque une démolition progressive ! Cette triste perspective commence à se faire mieux connaître.

Quelle est l'autorité internationale qui un jour va pouvoir imposer aux grands pays les plus industrialisés de se conformer aux restrictions nécessaires ? Qui sera capable de demander à tous les gestes de sauvegarde ?

L'Organisation des Nations Unies sera-t-elle ce grand maître d'oeuvre du changement ? Quant aux principaux dirigeants de l'économie mondiale, ils proposent des solutions lors de leurs rencontres internationales, mais c'est trop peu contraignant.

Sans doute les immenses dévastations naturelles annoncées vont-elles forcer les humains, comme un couteau sur la gorge, à s'organiser efficacement. Sinon, ce sera un lent et progressif dépérissement de notre existence, la disparition de notre maison commune.

Ne subsisteront que des ruines à peine habitables par des survivants qui devront assumer courageusement toute la suite !

Le pape François, certes sans pouvoir décisionnel, mais comme autorité morale reconnue par tous, vu son rayonnement fraternel, a clairement pris position dans un texte remarquable, dont voici un bref extrait[66] :

"Je souhaite saluer, encourager et remercier tous ceux qui, dans les secteurs les plus variés de l'activité humaine, travaillent pour assurer la sauvegarde de la maison que nous partageons. Ceux qui luttent avec vigueur pour affronter les conditions de vie des plus pauvres dans le monde.

Les jeunes nous réclament un changement. Ils se demandent comment il est possible de prétendre construire un avenir meilleur sans penser à la crise de l'environnement et aux souffrances des exclus.

J'adresse une invitation urgente à un nouveau dialogue sur la façon dont nous construisons l'avenir de la planète. Nous avons besoin d'une conversion qui nous unisse tous, parce que le défi environnemental que nous vivons, et ses racines humaines, nous concernent et nous touchent tous."

Sur le petit lopin de vie que chacun et chacune est invité à bien cultiver, que faire dès maintenant ?

De multiples idées très concrètes ne manquent pas et circulent de plus en plus. En voici trois parmi des centaines émises, par de nombreuses revues et associations, dont celles de ma famille religieuse[67] :

* *Le tri sélectif. Mettre à disposition plusieurs poubelles : verre, déchets recyclables, en particulier le papier consommé généreusement ! Réduire les emballages.*

---

[66] *Loué sois-tu*, Lettre encyclique, Bayard, Mame, Cerf, 2015, page 18.

[67] Extraits d'Echos jésuites 3 et 4.

** Les emballages. Cela représente 30 à 50 % du volume total des ordures ménagères. Il vaut mieux privilégier les achats en vrac, l'eau du robinet, des emballages recyclables (verre et carton, plutôt que plastique).*

** Congélateur. Une grille nettoyée permet un meilleur refroidissement et offre une économie d'énergie. Dégivrer régulièrement votre congélateur pour économiser 30 % d'énergie.*

L'essentiel consiste à commencer par au moins un acte particulier, sans attendre que le voisin ou l'État (!) nous y entraîne.

Notre terre est notre maison commune qu'il faut absolument sauver des désastres climatiques qui s'intensifient. Elle attend notre engagement personnel.

* * * * *

Chapitre 16

Église et sciences

En donnant la parole à des personnes non croyantes, comme dans ce livre, on constate assez vite que la raison tient pour elles ne place importante.

Des incroyants reprochent aux croyants de ne pas donner suffisamment d'espace à la raison, à l'intelligence, à la rationalité. C'est parfois justifié, mais généraliser cette remarque signifierait, à notre avis, une méconnaissance de la richesse intellectuelle des religions et de leurs membres.

Foi et raison se combinent très bien. Qu'en est-il de l'Église, et de la religion chrétienne face aux sciences ? Concrètement par des exemples ? Et brièvement en théorie ?

Galilée et Lemaître

C'est une erreur courante de penser que science et religion sont incompatibles.

Ainsi, chaque scientifique actuel connaît, par exemple, les œuvres de Pierre Teilhard de Chardin, prêtre jésuite décédé en 1955 et qui a associé brillamment paléontologie, théologie et philosophie.

Galilée et Lemaître sont également des célébrités qui, à des époques éloignées, ont marqué les esprits par leurs découvertes scientifiques en astronomie. Tous deux étaient croyants chrétiens, mais avec un parcours bien différent. Chacun d'eux donne ainsi raison à la fois à certains incroyants et aux croyants, sur la position favorable ou non de l'Église à propos des sciences.

En effet, au XVIe siècle, des catholiques et des non croyants ont osé contrer une "vérité" proclamée par l'Église. Leur constat scientifique s'opposait nettement à une profession du magistère[68] ecclésial de l'époque. Ils ont eu le courage de le manifester.

Il s'agissait de **Galilée**, ce moine érudit et très intelligent, né à Pise en 1564 et décédé près de Florence en 1642. Dans ses activités techniques, il avait mis au point une lunette astronomique de haute qualité avec laquelle il a pu bouleverser les acquis de l'astronomie de son temps.

Ses observations et ses études l'ont conduit à contredire la lecture littérale de la Bible par des théologiens de l'Église catholique romaine. Non, a-t-il démontré, le soleil ne tourne pas autour de la terre, mais, au contraire, notre planète tourne autour du soleil.

Condamné par l'Inquisition en 1633 à un emprisonnement définitif, il demeura en résidence surveillée jusqu'à sa mort !

Nous le savons en étudiant l'histoire, les Églises véhiculent parfois des erreurs et agissent mal ; elles sont, en effet, incarnées par des hommes et des femmes, des humains comme les autres, fragiles et pécheurs.

---

[68] C'est-à-dire la tâche d'enseignement des évêques et du pape

Ce triste épisode historique ne doit cependant pas induire que toute opposition envers les Églises est toujours justifiée !

Georges Henri **Lemaître**, astronome lui aussi et cosmologiste, né en 1894 à Charleroi, en Belgique est mort en 1966.

Après différentes études, dont une au laboratoire de physique solaire de l'université de Cambridge, il fut professeur à l'Université catholique de Louvain.

En 1931, il lance la théorie de *l'Atome Primitif*, visant à expliquer l'origine de l'univers, par un Big Bang initial.

Cette proposition bien reçue par l'Église provoqua une réaction très vive de la communauté scientifique de l'époque, mais elle finit par s'imposer à tous.

Foi, Église, religion, face aux sciences

Des centaines de livres traitent ces relations. Ce n'est évidemment pas notre but d'y ajouter de la matière, mais de les aborder très brièvement. Il nous paraît important de bien situer ces rapports, en reprenant l'une ou l'autre idée déjà émise.

* La foi concerne la relation à Dieu et son contenu (en qui je crois et ce que je crois). Impossible de déduire par un raisonnement toute la révélation chrétienne. En ce sens, la foi n'est pas rationnelle, mais raisonnable, elle convient à la raison.
* L'Église est une société humaine liée à Jésus, Fils de Dieu venu vivre avec nous. Elle est sainte, vu son origine et le trésor spirituel qu'elle offre. Mais confiée aux humains, elle est également parfois pécheresse et susceptible, comme démontré avec Galilée, de se tromper sur le terrain des sciences humaines.
* La religion chrétienne met en œuvre la foi, de façon concrète et théorique. En fait partie la théologie, science du donné divin, très liée à la foi.

Foi, Église et religion font également l'objet d'études scientifiques.

Pour les croyants, la raison occupe une place centrale. Cette qualité supérieure dépasse le règne animal et se présente comme l'aboutissement d'une évolution voulue par le Créateur. Celui-ci se réjouit donc du bon usage qu'en font souvent les humains.

La raison assure, en effet, la coordination possible de notre esprit qui comprend affectivité, l'intelligence et la volonté, moteurs de notre liberté.

Avec leur capital spirituel, les croyants sont appelés à montrer ce qui dans leur foi est le plus vrai, le plus libéré, le plus adulte, le plus vital.

Alors, la foi n'apparaît plus comme une bizarrerie dangereuse ou une relique du passé, ne résistant pas aux progrès des sciences, mais comme une expérience humaine capitale.[69]

Mises au service du bien-être commun, et non au seul profit d'un individu ou d'un groupe, les capacités intellectuelles accroissent notre bonheur personnel et collectif.

---

[69] Selon l'article *Raison et foi. Des rapports revitalisés,* de Nathalie Sarthou-Laius, *Études,* mai 2020, page 68.

Quand l'incroyance interpelle, à juste titre

L'Église doit reconnaître ses torts avec humilité. Pour terminer l'exemple Galilée, il est heureux de se rappeler la repentance prononcée en 1994 par le pape Jean-Paul II. Voici le début intéressant de cette mise au point :

"Il est donc juste que l'Église prenne en charge, avec une conscience plus vive, le péché de ses enfants, dans le souvenir de toutes les circonstances dans lesquelles, au cours de son histoire, ils se sont éloignés de l'esprit du Christ et de son Évangile, présentant au monde le spectacle de façons de penser et d'agir qui étaient de véritables formes de contre-témoignage et de scandale."[70] Ainsi récemment, le pape François a-t-il présenté sa peine et ses excuses pour les abus sexuels commis par des clercs et religieux.

Tout en étant fiers de toute la fraternité vécue par l'Église tout au long des siècles, les chrétiens peuvent aussi en relever les failles. Et ils savent que c'est eux qui constituent cette Église. Toute interpellation à son égard est à prendre personnellement en compte.

Deux autres réalités modernes illustrent également ce propos ; l'homosexualité et les abus sexuels.

Les nombreuses révélations presque simultanées d'abus sexuels commis par le clergé catholique et par des religieux et religieuses a stupéfié l'Occident. Ces actes horribles et répréhensibles étaient méconnus du grand public. S'ils sont malheureusement présents et plus fréquents dans les familles, les parentés, les écoles et lieux de détente, ils n'en demeurent pas moins choquants de la part de personnes à qui on fait naturellement confiance.

Leur juste dénonciation s'est cependant accompagnée parfois d'une agressivité gratuite et excessive envers l'Église qui a heureusement réagi fortement pour quitter toute pratique de complicité directe ou non.

Le pape lui-même s'est impliqué dans ce souci de transparence, de réparation envers les victimes et du respect total d'autrui dans les contacts religieux. Ainsi, pour les actes de pédophilie, de violence sexuelle par abus d'autorité religieuse ou encore de détention de matériel pédopornographique par des clercs, il a mis fin au secret d'État dans l'Église catholique.[71]

La divulgation nécessaire d'une série d'abus sexuels commis, à une certaine époque, par des clercs et des personnes consacrées n'a pas d'abord été concrétisée par les Églises chrétiennes. Elle est venue de l'extérieur et souvent par des non croyants. Quelles que soient les méthodes parfois insistantes pour dénoncer ces délits, les croyants, bien que meurtris dans leurs convictions, apprécient le service de fraternité et d'assainissement rendu à cette occasion.

Autre domaine de clarification : l'homosexualité.

Des hommes et des femmes, orientés de façon prédominante vers des humains du même sexe tombent parfois naturellement amoureux. En effet, pour les gays et les lesbiennes, la personnalité et le corps d'une personne du même sexe peuvent exercer un attrait important

---

[70] Tertio Millennio Adveniente, § 33 [archive]

[71] «*P rescrit* » publié le17 décembre2019 par le Vatican

comparable à celui ressenti chez les hommes et les femmes hétérosexuels. S'ensuit spontanément depuis toujours des unions et des couples homosexuels, voire des familles[72].

Les Églises chrétiennes ont-elles pris en compte avant aute association, l'union homosexuelle ? Ont-elles été les premières à reconnaître que deux personnes du même sexe devenues amoureuses souhaitaient conclure entre elles un pacte d'union stable, définitif et public, en désirant selon leurs motivations célébrer cette union dans la prière ?

Non, et elles s'y sont même parfois opposées ! Il faut "rendre à César ce qui lui appartient", ce sont des personnes souvent éloignées des Églises qui ont été des éclaireurs pour soutenir cette juste cause.

Cela étant dit franchement, il faut se réjouir du chemin récemment parcouru, entre autres, par l'Église catholique, pour se rapprocher davantage du monde LGBT.
Sans aucun doute, le pape François a donné un fameux coup de pouce à cet enjeu quand il a déclaré :

"Si une personne est gay et cherche le Seigneur avec bonne volonté, qui suis-je pour la juger ?"[73]

L'Élise catholique a donc refait son retard. Le même pape, lors du questionnaire préparatoire au synode sur la famille en octobre 2004, a ouvert d'autres portes. Dans le cinquième chapitre, à propos des unions de personnes du même sexe, il a demandé quelle attention pastorale favoriser à leur égard.

Ajoutons encore que le primat de Belgique, le cardinal Josef De Kesel, membre du conseil pontifical de la famille, a récemment exprimé dans des rencontres avec des personnes LGBT qu'il fallait envisager la rédaction d'un rite pour leurs prières d'union et que celles-ci devraient pouvoir se dérouler dans des lieux de culte.[74]

Il est heureux également de signaler que leurs unions civiles viennent de recevoir un soutien du Saint-Siège.[75]

Une brève conclusion ?

Avec l'aide occasionnelle d'incroyants, veillons, dans les religions, à favoriser la raison et la rationalité.

* * * * *

[72] Réalités que nous avons abordées dans *Les personnes homosexuelles. Un arc-en-ciel près des nuages,* Éditons jésuites, Paris, Namur, 2014 et avec Michel Salamolard dans *Gays et lesbiennes. Humanité, amour et spiritualité, Saint-Augustin,* Saint Maurice, 2009.

[73] Cette déclaration est reprise dans le livre-entretien avec Andrea Tornielli, *Le nom de Dieu est Miséricorde*, Robert Laffont / Presses de la Renaissance, 2016, p. 82.

[74] Lire https://www.rtbf.be et http://www.belgicatho.be

[75] Cette position émise début novembre 2020 a suscité diverses interprétations et sera sans doute encore clarifiée.

Chapitre 17

Recueillement et prière

Les croyants sont habitués à ces deux mots qui expriment une part de leur option.

Qu'en est-il des non croyants ?

Un souci de rationalité les invite évidement, non seulement à la réflexion, mais au recueillement.

Pour la prière, tout dépend de ce que l'on met sous ce terme, et plus profondément des expériences personnelles.

Quoi qu'il en soit, croyants et non croyants se rejoignent pour la méditation des valeurs qui font vivre, dont l'amour.

Le recueillement.

Ce terme évoque l'intériorité, soit un temps de réflexion intime, de méditation vécue seul ou non, dans le calme.

Ainsi, lors de funérailles, on aime se donner un moment de recueillement. On y rassemble, on y "cueille" paisiblement des bons souvenirs vécus avec la personne défunte. Les célébrations religieuses ou profanes offrent habituellement cet espace d'intériorisation.

Le recueillement survient parfois à l'improviste. Un événement marquant, comme un deuil ou une séparation, subi dans la solitude ou partagé, oblige à se concentrer, à faire le point, et envisager l'avenir.

Bienheureux ceux qui prennent les moyens pour peser, discerner le déroulement heureux ou douloureux de l'existence.

"J'ai besoin de me recueillir pour aimer.", a dit Jean-Jacques Rousseau.[76] Cette phrase du célèbre écrivain, plutôt agnostique, voire athée, résume la valeur importante du recueillement qui peut amener à mieux vivre la fraternité.

Prier

La prière se marie naturellement avec le recueillement.

Ce mot produit cependant une réelle allergie chez plusieurs parce qu'il contient, à leurs yeux, du négatif, comme une intrusion divine ou une soumission inhumaine à Dieu, voire une fuite spirituelle !

Or, pour les croyants il s'agit de bien autre chose.

---

[76] Rêveries du promeneur solitaire.

La prière, pratiquée dès l'enfance, suggère d'abord la récitation réfléchie de paroles adressées à Dieu. Mais avec la maturité, elle devient surtout écoute du cœur et de l'esprit.

Écouter qui ou écouter quoi ?

Il s'agit de laisser "parler" le bon Esprit divin déjà présent dans la conscience de tout humain qui y perçoit spontanément le bien et le mal. Mais, écouter le Saint-Esprit, ou du moins se laisser inspirer par lui, entraîne plus loin. Ce souffle divin conduit vers des audaces inespérées.

Il n'est pas simple cependant de distinguer une inspiration de cet Esprit d'une écoute de soi-même, car tout s'effectue *en nous*, dans notre intériorité.

Pour discerner une influence d'origine plutôt divine d'une bonne idée humaine il convient de se référer à des critères spirituels, dont les deux suivants :

* L'Esprit divin oriente toujours vers *l'amour du prochain* sous toutes ses formes : respect, admiration, accueil, entraide, réconciliation, pardon, engagement social, dévouement,... Il n'invite jamais au mal.

En ce sens, les incroyants "prient" également en accueillant toutes les bonnes idées caritatives de la vie quotidienne ou exceptionnellement dans des engagements risqués, comme ceux réalisés par l'organisation "Médecins sans frontière" dans laquelle se retrouvent croyants et incroyants.

Aucune personne sur la terre n'est exclue de cette heureuse influence. Mais bien évidemment, chacun n'y reconnaît pas la même source et, par ailleurs, n'y accorde pas l'attention nécessaire.

Nous est-il, par exemple, naturel de tourner la page après avoir subi une grande méchanceté ? Si dans le silence et une certaine distance avec l'événement nous acceptons de "pardonner" nous pouvons constater alors qu'une autre voix interne que la nôtre nous y a sans doute conviés. Ajoutons que pardonner ne signifie pas *oublier*, ce qui est souvent difficile vu des blessures affectives durables.

* Second critère. L'Esprit-Saint cherche à *rapprocher de Dieu*. Les religions en témoignent largement, mais Dieu se situe bien au-delà des religions, chemins cependant privilégiés. Car, personne ne met la main sur Dieu.

La vie chrétienne dans sa banalité offre un accès certain à l'action de l'Esprit qui peut aussi "souffler" dans des circonstances particulières.

Un exemple assez clair. L'Esprit divin contacte davantage un homme ou une femme lors d'une invitation à consacrer du tems ou même sa vie à Dieu et, avec lui, au service des autres. Ces personnes ont-elles reçu du Ciel un sms ou un mail ? Pas du tout, mais, soit doucement soit vigoureusement, elles ont ressenti un grand bonheur à répondre à cette invitation singulière.

Chez les chrétiens, les enseignements de Jésus sur la prière jalonnent les messages évangéliques. Il s'agit souvent d'écoute, mais il convient aussi de confier au Seigneur joies et peines. La seule prière proposée par Jésus s'inspire partiellement d'une prière déjà présente dans le judaïsme (le Kaddish) à laquelle il a ajouté une adresse capitale avec les mots "Notre Père".

Au niveau plus collectif et rituel, il a initié la sainte Cène, c'est-à-dire l'eucharistie (la messe) et les célébrations des principales étapes de la naissance à la mort.

Parmi les conseils donnés par le Christ, il en est un qui indique bien le cœur à cœur, l'amitié qui peut naître de la relation avec Dieu :

"Lorsque vous priez, ne soyez pas comme les hypocrites, qui aiment à prier debout dans les synagogues et aux coins des rues, pour être vus des hommes. Je vous le dis en vérité, ils reçoivent leur récompense.
Mais quand tu pries, entre dans ta chambre, ferme ta porte, et prie ton Père qui est là dans le lieu secret; et ton Père, qui voit dans le secret, te le rendra.
En priant, ne multipliez pas de vaines paroles, comme les païens, qui s'imaginent qu'à force de paroles ils seront exaucés.
Ne leur ressemblez pas; car votre Père sait de quoi vous avez besoin, avant que vous le lui demandiez."[77]

Jésus lui-même, selon les évangélistes, partait volontiers seul, à l'écart, pour prier.
De nombreux disciples du Christ consacrent chaque jour du temps à la prière. Temps d'inspiration, de paix, de recherche, de gratitude, d'intercession, passé avec Dieu.
Bien plus, des hommes et des femmes se sont sentis appelés intérieurement par le Seigneur à orienter toute leur existence vers une vie contemplative de contact permanent avec lui, en priant pour eux-mêmes et pour le monde entier.
Ils ont fondé des lieux de recueillement et prière, abbayes et monastères où ils accueillent également ceux et celles qui ont besoin d'un temps de réflexion et de méditation.

Les non croyants, on les comprend, ne se sontent plus guère concernés quand la prière devient contact explicite avec Dieu, à l'écoute de son message. Mais ce qu'ils appellent parfois prière leur appartient et personne, sauf eux-mêmes, ne peut juger ce qui s'y passe réellement.

La prière chrétienne se traduit parfois par une récitation adressée surtout à Marie, mère de Jésus. Cet acte religieux nommé chapelet, peut étonner. Il s'agit simplement d'un temps d'amitié consacré à Marie et au Seigneur. Les paroles sont répétitives, sans concentration possible sur chaque mot, facilitant un moment religieux décontracté, mais sérieux, car prier c'est aussi *donner du temps* à Dieu.

Écouter le meilleur en soi-même, écouter les autres, écouter l'esprit ou l'Esprit, fait penser à une belle chanson évocatrice de Bob Dylan interprétée en français par Richard Anthony, dont voici quelques passages :

Combien de routes un garçon doit-il faire avant qu'un homme il ne soit ?

Combien de fois doit-on lever les yeux avant que de voir le soleil ?

Eh bien mon ami
Écoute dans le vent
Écoute la réponse dans le vent.[78]

[77] Matthieu 6, 5-9.

Un texte universel sur l'amour du prochain

En finale de ce chapitre, choisir un écrit profane aurait paru étrange à beaucoup de lecteurs croyants.

Choisir une prière dans laquelle les incroyants se seraient sentis mal à l'aise ne convenait pas non plus.

Nous avons donc opté pour une réflexion de saint Paul, qui sans parler de Dieu est connue par beaucoup. Il y traite de l'essentiel auquel chacun et chacune peut se rallier. De plus, ce texte est parfois utilisé dans une célébration laïque.

Sa portée universelle appartient au patrimoine humain.

"Quand je parlerais les langues des hommes et des anges, si je n'ai pas l'amour, je suis un airain qui résonne, ou une cymbale qui retentit.
Et quand j'aurais le don de prophétie, la science de tous les mystères et toute la connaissance, quand j'aurais même toute la foi jusqu'à transporter des montagnes, si je n'ai pas la charité, je ne suis rien.

Et quand je distribuerais tous mes biens pour la nourriture des pauvres, quand je livrerais même mon corps pour être brûlé, si je n'ai pas la charité, cela ne me sert de rien.

La charité est patiente, elle est pleine de bonté; la charité n'est point envieuse; la charité ne se vante point, elle ne s'enfle point d'orgueil,
elle ne fait rien de malhonnête, elle ne cherche point son intérêt, elle ne s'irrite point, elle ne soupçonne point le mal,
elle ne se réjouit point de l'injustice, mais elle se réjouit de la vérité;
elle excuse tout, elle croit tout, elle espère tout, elle supporte tout.

La charité ne périt jamais. Les prophéties prendront fin, les langues cesseront, la connaissance disparaîtra

Aujourd'hui nous voyons au moyen d'un miroir, d'une manière obscure, mais alors nous verrons face à face; aujourd'hui je connais en partie, mais alors je connaîtrai comme j'ai été connu. ...
Maintenant donc, ces trois choses demeurent: la foi, l'espérance, la charité; mais la plus grande de ces choses, c'est la charité."[79]

* * * * *

---

[78] Un texte qui renvoie aussi à la phrase de Jésus dialoguant avec Nicodème : *"Le vent souffle où il veut et tu entends sa voix, mais tu ne sais ni d'où il vient ni où il va."* Jean 3, 8.

[79] 1 Corinthiens 12, 1-12.

En guise de conclusion

Confiance

Car l'homme moderne, malgré de nombreuses distractions et dérives, reste un humain à part entière, Il aime la vie.

Car les humains sont toujours heureux d'aimer et d'être aimés, de se rendre utiles.

Car ces êtres d'amour continuent de réfléchir et de chercher le bon chemin.

Car parmi ces penseurs qui ne voient pas un dieu, certains s'interrogent à ce sujet.

Car au-delà de l'agnosticisme, il en est qui sérieusement optent pour l'athéisme.

Car d'autres que les athées font confiance aux révélations divines exprimées dans trois grandes religions monothéistes.

Car parmi ces croyants beaucoup font le pari que Jésus de Nazareth est vraiment ressuscité et pleinement divin.

Car une multitude de croyants et non croyants se rallient aux Droits de l'Homme.

Car bon nombre de ces adeptes du respect d'autrui font attention à tout qui est blessé, malade, migrant, pauvre.

Car l'amour qui fait vivre n'est pas prêt à mourir.

Car l'Esprit habite la conscience des hommes et des femmes et les invitera toujours au meilleur.

* * * * * *

Table des matières

* * * * * * * * * *

Printed by Books on Demand GmbH, Norderstedt / Germany